D1668339

Hans Joachim und Dela Klupsch

Handschrift und Persönlichkeit

Lehrbuch zum Selbststudium

Hans Joachim und Dela Klupsch

Handschrift und Persönlichkeit

Lehrbuch zum Selbststudium

Schriftprobenband

Verlag der A. Stein'schen Buchhandlung, Werl

Verlag der A. Stein'schen Buchhandlung GmbH, Werl

Satz und Layout: InMedia GbR, Willich
Druck und Verarbeitung: Druckhaus Kühlen KG, Mönchengladbach
Gedruckt auf holz- und säurefreies Bücherpapier der Papierfabrik Schleipen
Gebunden in Feincanvas der Bamberger Kaliko GmbH
Printed in Germany 1998
ISBN 3-920980-99-9

Ich bin am Donnerstag morgen in Stolp angekommen. Als wir auf dem Bahnhof an– 1

meine „A" und „B" Segelflugprüfung.

Hans-Joachim Klupsch 1a

Milch und die daraus hergestellten Produkte sind des Gehaltes an den 10 lebensnotwendigen Amin... 2

Betriebsbeihilfe Biogarde aus 6.) (=8.) v. 30.10.
1.5 Fliegen, 6% Gemeinschaftsbeihilfe (aus 2+2+2%) 2a

Unaufrichtigkeit zum wesentlichen Charakterzug
-gende Merkmale deuten auf Züge hin: 3

Quinta essentia

das fünfte Element

neben 4 Elementen 3a

ich rufe Sie an, mit freundlichen Grüßen,

H.J. Klupsch. 4

Adele Brockmann (5)

Adele Brockmann
Eigenhändige Unterschrift des Inhabers (5a)

herzliche Grüße aus
Dinkermoor senden Dir (6)

viele Grüße aus
burg senden Dir (6a)

wir danken Dir vielmals (7)

wir sind schon im Ur (7a)

Die Marmelade laß Dir gut (8)

Du fährst nun im Juni erstmal (8a)

Frau Vaßberg

Di. 14⁰⁰ (9)

mit einem Flüchtling. Ein eilender 10

Da sehe ich Ihre Korrektur bei der Post liegen ... 11

Lieber Herr Klupsch,

nun endlich kommt die rechte
Muse Ihnen von Herzen danken 12

Ulrich Wickert 13

die zuzügl. entstehen sofort be-
zahlen mit den monatliche
Sendunge? — Bitte unterrichte 14

was meines Erachtens bei einem
Projekt dieser Grössenordnung nicht
genügt) 15

Auf Grund des guten Rufes Ihrer Firma und auf
Empfehlung meiner Schwiegereltern, der Familie 16

Wie [illegible] auf die weiteren Gespräche mit Ihnen.
Ich bin neugierig, in welcher Liga mein
Mitarbeiter führen wird. 17

Schein und Sein.

Mein Kind, es sind allhier die Dinge,
Gleichviel, ob große, ob geringe,
Im Wesentlichen so verpackt,
Daß man sie nicht wie Nüsse knackt.

Wie wolltest du dich unterwinden,
Kurzweg die Menschen zu ergründen.
Du kennst sie nur von außenwärts.
Du siehst die Weste, nicht das Herz.

W. B.
1899.

18

Schöne
Grüße
an die
Schweden
(Wir werden [illegible]
schlagen)
BB

19

Michael Stich

20

Jung.

21

Man sieht nur mit dem Herzen gut.
Das Eigentliche ist unsichtbar. –

Mit ganz herzlichen Grüßen

E. Drewermann

22

ganz herzlich

E Drewermann

23

quelques billets pour la dernière répétition de votre opéra. — Vous seriez bien aimable d'accéder à cette prière. 24

Votre tout dévoué

F Chopin

Alles Liebe, Kassner!
Ich denke viel, viel an Sie.

Ihr Rilke 25

eines meiner Freunde fast täglich
im Meere baden geht; und ich
steige auf die Berge und suche
meinem Kopfschmerz zu entlaufen
[illegible] [illegible] freilich ohne wirklichen
Erfolg. 26a

Herzlichen Gruß und Dank
von Deinem Freund Nietzsche 26b

did me the favour to send me, wch by yr letter of 13 of
wch accompanied them I finde I shall have a more convenient 27

gelernt haben; er weiss nicht ob sie nun ge-
langweilt oder interessiert von Ihren entstehenden
Texten waren, er gehört nicht zu Ihnen –
damals vor drei Jahren hatte wohl keiner
gelernt außer den Rädchen, und er hatte in
einem entfernten Sinne auch dazu gehört
... er möchte ähnlich gewesen damals: der

28

Mon ami, mais je tâcherai de
passer un jour chez vous, pour
m'assurer que vous m'avez pardonné.
A Madame Arnold et
à vous, la vive amitié de
votre
Maurice Ravel

29

Mit herzlichem Dank für die Gastfreundschaft!

4.VI.1994

(31)

1) 2)

3) links laufen, rechts stehen!

Freue mich Sie gestärkt wieder, arbeitshungrig, ausgeruht wieder zu sehen.

(32)

Ich habe mich so unbeschreiblich gefreut über Ihr Buch !!

(33)

Leider ich bin krank seit längerem Zeit. Ich war ein

– Sekretär –

Pedinghauser Markt 9

59069 Hamm

(36)

Herrn Hans-Joachim Klupsch

(38)

Ich danke herzlichst für
Ihre sehr liebenswürdige Einladung, Sie
in Novo Sibirsk zu besuchen. Dies
wäre auch für mich eine sehr große
Freude und vielleicht wird es später
einmal passen. Aber auf der anderen
Seite hoffe ich [illegible] aufrichtigst,
dass Sie bald einen sicheren Posten
bekommen.
Dr. Hummel und Dr. Mandell
senden herzliche Grüsse.
Mit vielen herzlichen Wünschen
zum fröhlichen Weihnachten und zum
Neuen Jahr
Ihr treu und dankbar
ergebener

Sven Hedin

39

Ludwig

40

Die Lieder.

Frage.

Sage mir, liebliches Kind, was du suchst
in den Werken des Göthe!

Antw.

Zitternden Stoß' ich mir auf! Erlösung-
bedürftig! — Ich weiß!

Herz – Unfall – Tod.

Frage.

Sag's, wie tanzt man dem Antlitz der
Geisterwelt furchtbaren Schrecken?

Antw.

Wenn man nicht jugendlich Kind tanzen
der heutigen Welt?

41

Lieber Clemens!

Es wäre mir recht erfreulich von Euch einmal eine Nachricht zu erhalten.

Mit herzlichen Grüssen

Dein

Oheim

Richard W.

Luzern.
18 März. 1869.

42

tragen Mitarbeit an Ihrem Unternehmen ablehnen.

In vorzüglicher Hochachtung

Gustav Lange.

43

44

45

46

47

Mit freundlichen Grüßen

48

(Ludwig Erhard)

49

50

51

52

53

54

55

56

DR. THOMAS MANN

MÜNCHEN DEN 28. IV. 49.
POSCHINGERSTR. 1

57

Hat mir verehret meyn guten freund
Herr Johann Walther
Componist der Musica
zu Torgau
1530
Dem Gott gnade

Martinus Luther

58

während des mündlichen
Abiturs 1966 und
nach dem Abi 1966 (damals
Klassen- und Schülersprecher)

59

mit besten Grüßen

Konrad Lorenz

Altenberg 28.III.1983

60

Eucken

61

[illegible]

62

Zufriedenheit bei der oft schwierigen Arbeit mit der Graphologie

6

Robert Jungk

64

J. [illegible]

65

Herbert Wehner

66

zusammenkommen, daß z. [illegible] [illegible], gewissem

6

wurde zur Produktion eingesetzt.

68

Indira Gandhi 1976

69

[illegible]

7

71

72 Frank Hill

73

74

75 Herrn Karl Geyer
mit freundlichen Grüßen.
Max Born.

76 Hamm 1

77

78

79

80

81

82

83

ce 19 May 1786.

Monsieur Mon Cousin Je sai que notre cher Eveque d'Osnabruc aime assés les Chevaux Prussiens, je n'ai pû resister à la tentation de lui en offrir quelques uns, en souhaitant qu'ils puissent le satisfaire entierement. En attendant je fais mille voeux pour sa Conservation et pour son Contentement. On dit à Berlin qu'en partant de là Vous nous avés enlevé tous nos Coeurs, en verité, mon cher Eveque, cela est un peu fort, mais peut-on s'empêcher d'estimer ce qui est estimable? Ce sont les sentimens dans lesquels je persevererai toujours, étant avec le plus tendre attachement,

Monsieur Mon Cousin,

De Votre Altesse Royale,

Le fidele Cousin et Ami

Federic.

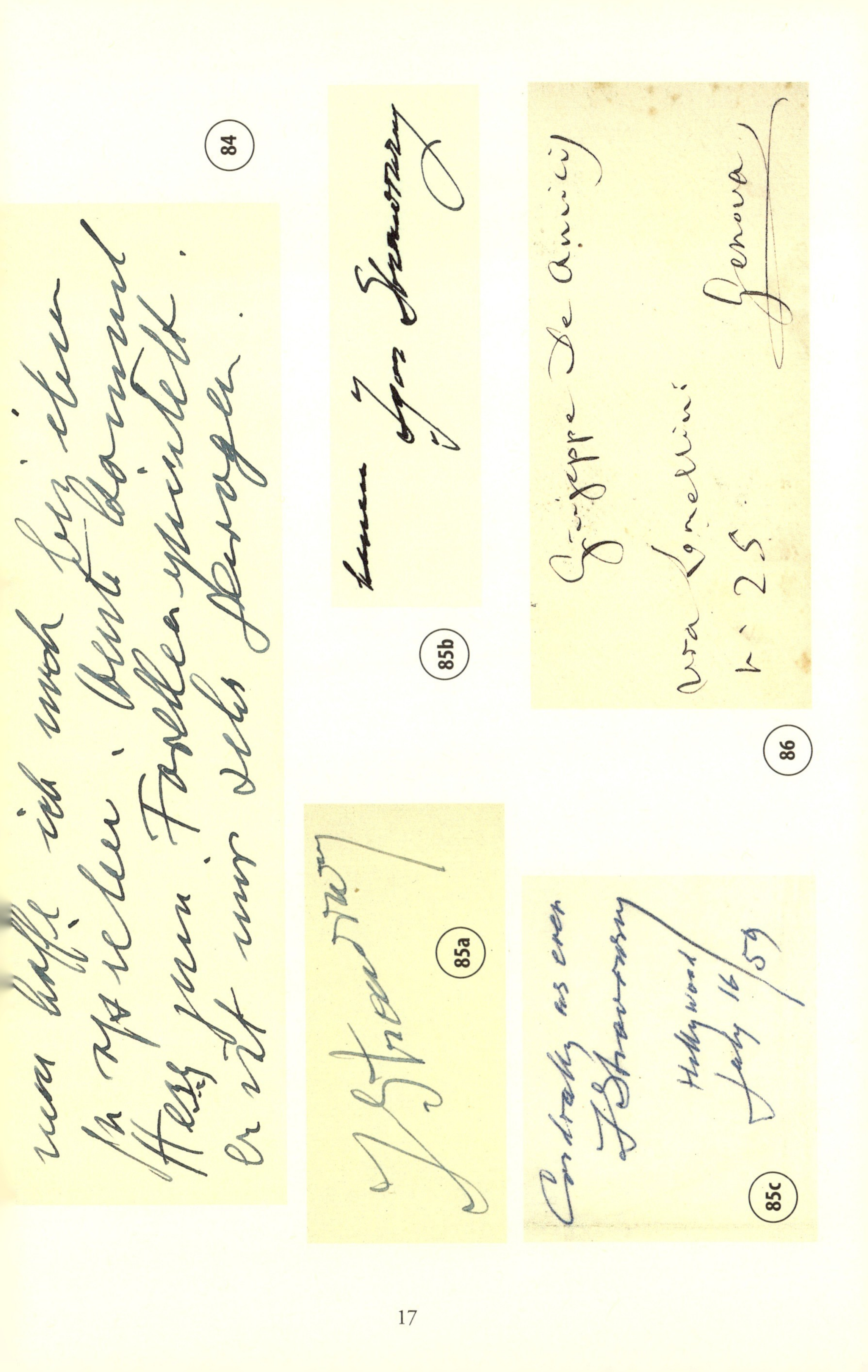

84

85a

85b

85c

Cordially as ever
I Strawinsky
Hollywood
July 16/59

86

Giuseppe De Amicis
via Lomellini
n. 25
Genova

Hätte ich ein ordentliches Elternhaus und eine treusorgende Mutter gehabt, währe ich heute

in der Zeitung steht. Bedenke, ich will mal wieder ein ordentliches Leben anfangen. Namen wechseln u. s. w. Denn 87

Frau Klupsch hat um 11^{15} Uhr 1 Tbl. Tramadol bekommen. 88

89 Mr. f. Dank Ihre Glückwünsche und Beigaben,

nächsten Woche einmal anrufen Betrachtet man die Stellenbeschreib 9

Zu Endschuldigen da ich leider etwas Erkrankt bin, aber in der nächsten Woche komme ich Wieder. 91

10 Jahren alleine und Bin 9

W. K.

Vorsichtsmaßregel.

Sollte mir in meinem Leben unverhofft etwas zustoßen, sei es daß ich sterbe, oder stark geisteskrank werde, so habe ich vorsichtshalber einige wichtige Schriftstücke in einen Bilderrahmen versteckt. Die Schriftstücke, die sich um meine Strafsache und mein Leben handeln, befinden sich zwischen Photos und der Papprückwand des schwarzen 30x20 cm großen Bilderrahmen. Jeder für mich beauftragter Rechtsanwalt ist berechtigt u. von mir beauftragt die Schriftstücke zu meinen Gunsten zu verwerten.

Celle, am 30. 3. 1957 Rudolf Pleil

93

Ich (69) lebe seit 20 Jahren von meiner Frau getrennt, weil sie mir im März 1950 nach dem Leben trachtete. Mit dem Ruf: Ermorde dich; überfiel sie mich hinterrücks und versuchte mich

94

v. Wassing

PROF. DR. FREUD

WIEN IX., BERGGASSE 19

5. 7. 23

Geehrter Herr Professor

In Erwiderung Ihrer freundlichen Einladung erlauben wir uns mitzuteilen, dass wir heute und morgen bereit sein müssten, durch ein Telegramm an den Bahnhof zitiert zu werden, wo unsere Familien mit dem Nachmittagszug durchfahren. Wir rechnen darauf, dass wir von übermorgen an frei sein werden und freuen uns auf die zugesagte Zusammenkunft.

Ihr hochachtungsvoll ergebener

Freud

95

96

Kreisau d. 17.10.90.

Geehrter Herr

nehmen Sie meinen verbindlichsten Dank für den mir, in so schöner Ausstellung, freundlich dedicirten und überreichten Defilir Marsch. Auch dem Herrn Mitunterzeichner Ihres gefälligen Schreibens bitte ich meinen Dank zu übermitteln für seine hübschen Gedichte, die ich mit Interesse eingesehen habe.

Sehr ergebenst

Gr. Moltke
Feldmarschall.

97

98

99

100

101

Mit vielen Grüssen!

Franz Grothe

102

[illegible]

auf diesen Wink gebe für den Fall [illegible] A.M.

ein Sagen wollt —

Für Max unsere besten Wünsche und

herzliche Grüße Dank herzlichen

von Zuckmayer

[illegible]

103

10

104

106

107

108

109

110

Philippe Jaffré
111
José Ignacio López de Arriotúra
112
113
115
114
116
118
119
117
FRAGEBOGEN
Andreas Möller
120
121
122
124
123
126
Peter Voß
125

Scharping-Zeichnung auf Speisenkarte

127

128

129

FRAGEBOGEN

13

132

13

131

134

136

herzliche Grüße
aus Washington
Ich spiele hier meine
letzten Konzerte in
Amerika

Anne-Sophie

135

FRAGEBOGEN

Klaus Zwickel

13

Ich verlasse mich deshalb auch diesmal auf Sie.
Treffen Sie eine gute Wahl!

138

139

140

141

142

143

144

145

Monika Hohlmeier 146

Makow 149

147

148

150a

150b

Mit freundlichen Grüßen

Christoph Bergner 151

wünscht Ihnen und Ihrer sehr verehrten Gattin
in Verehrung und Dankbarkeit für Ihre stets
liebevolle und uneigennützige Hilfe 152

Beiliegend übersende ich Ihnen
den erbetenen Sonderdruck und 153

herzlich zum Geburtstag,

Ihre Familie

Frank Mittelmann 154

Liebe Frau Klopsch
lieber Herr Klopsch,
wir danken und grü- 155

sehr viel Interesse über die Graphologie
Was macht man in der Schule? 156

Sehr geehrter Herr Klopsch, 157

Für das neue Jahr wünschen wir Ihnen

158

Grüße und

159

0)

ESTO 6785

Zeitungsstand Ebbecke Hannover-Döhren Fiedelerstr. 1

Anbei das Zeugnis — ich denke, es ist so in Ordnung! Hier wird noch immer viel nach Ihnen gefragt. Inzwischen läuft sich alles wieder allmählich ein mit der neuen Besatzung. Fürdlicherweise nicht der erwartete Ansturm von Bauleuten: überraschende Begründung ist das „Schlechtwettergeld"! Gott sei dank .... Herzliche Grüße – auch an den Herrn Gemahl – von Ihrem Dr. Kittinger.

hr geehrte 161

2000 Hamburg 162

3)

er Termin 15.7.
t und recht.

organisiert 164

Mit herzlichen 165

iel über mich.
ich denke so wie Du,
dem Essen das Wichtigste 166

erzlichsten Dank für die
chnelle Vorauszahlung. 167

Hoppe 168

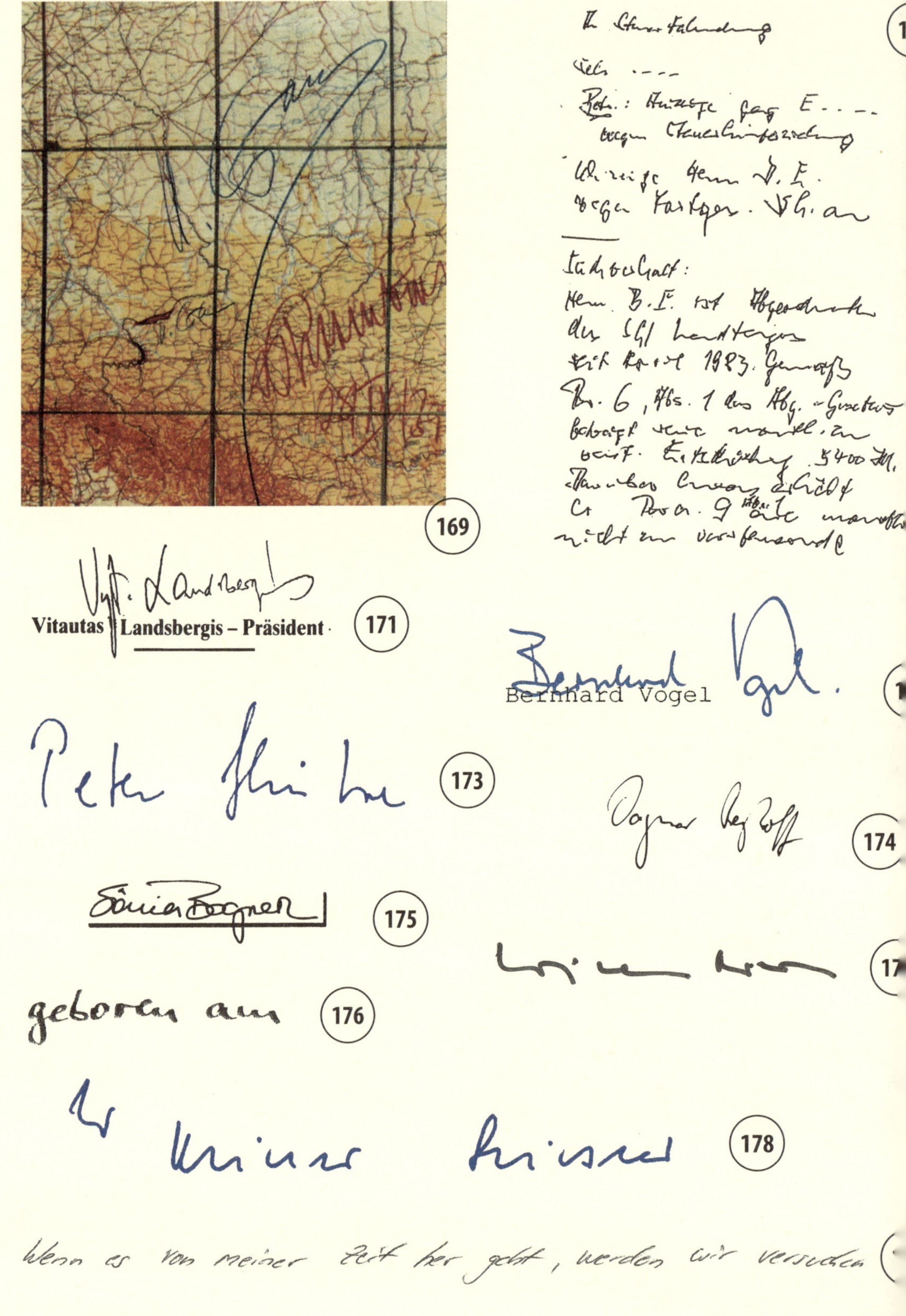
169
Vitautas Landsbergis – Präsident
171
Bernhard Vogel
173
174
175
geboren am
176
178
Wenn es von meiner Zeit her geht, werden wir versuchen

that we have learned that the victor may 180
ch as the vanquished Social and economic
still assail us, but never again, as I
we suffer what we have lately undergone.

Arthur Conan Doyle

Am 7.1.96, fliege ich wieder nach Jerusale
um den Engel, der bei dem Angriff herunterfiel
genommen wurde, wieder neu auf der Bren
montieren. Ich habe einen neuen wieder hei
schnitzen lassen und ist auch wieder neu.

181

Hier gesiegt ist, da missglückt ist.
Wünsche finden keine Kraft.
Unterdrückender, Unterdrücktes,
Jedes Ding hat seine Last.

182

Mechtshausen 3. Januar 1905.

Für die freundliche Zusendung Ihres Buches spreche ich Ihnen meinen verbindlichsten Dank aus.

Mit Hochachtung

Wilh. Busch.

183

Egon Bahr

184

185

ergebenste

mit freundlichen Grüßen

186

mit freundlichem Händedruck Carmen Thomas

187

2/ Aufstellung über

188

prüfung gratulieren? Sie sind sicher

189

Ich habe leider oft Gelegenheit gehabt zu sehen, welche schmerzliche Härten und Ungerechtigkeiten hierzulande und Verständnislosigkeit aus der gegenseitigen Feindheit der Klassen gegeneinander hervorgehen. Fast immer sind die Mittellosen die Leidtragenden. Ihnen die gegenseitige Hilfeleistung zu erschweren, ist bitteres Unrecht.

190

192

Les voeux les plus sincères
votre
Pablo Casals

191

Herzlichste Grüße!
Johannes M. Simmel
3-8-78

193

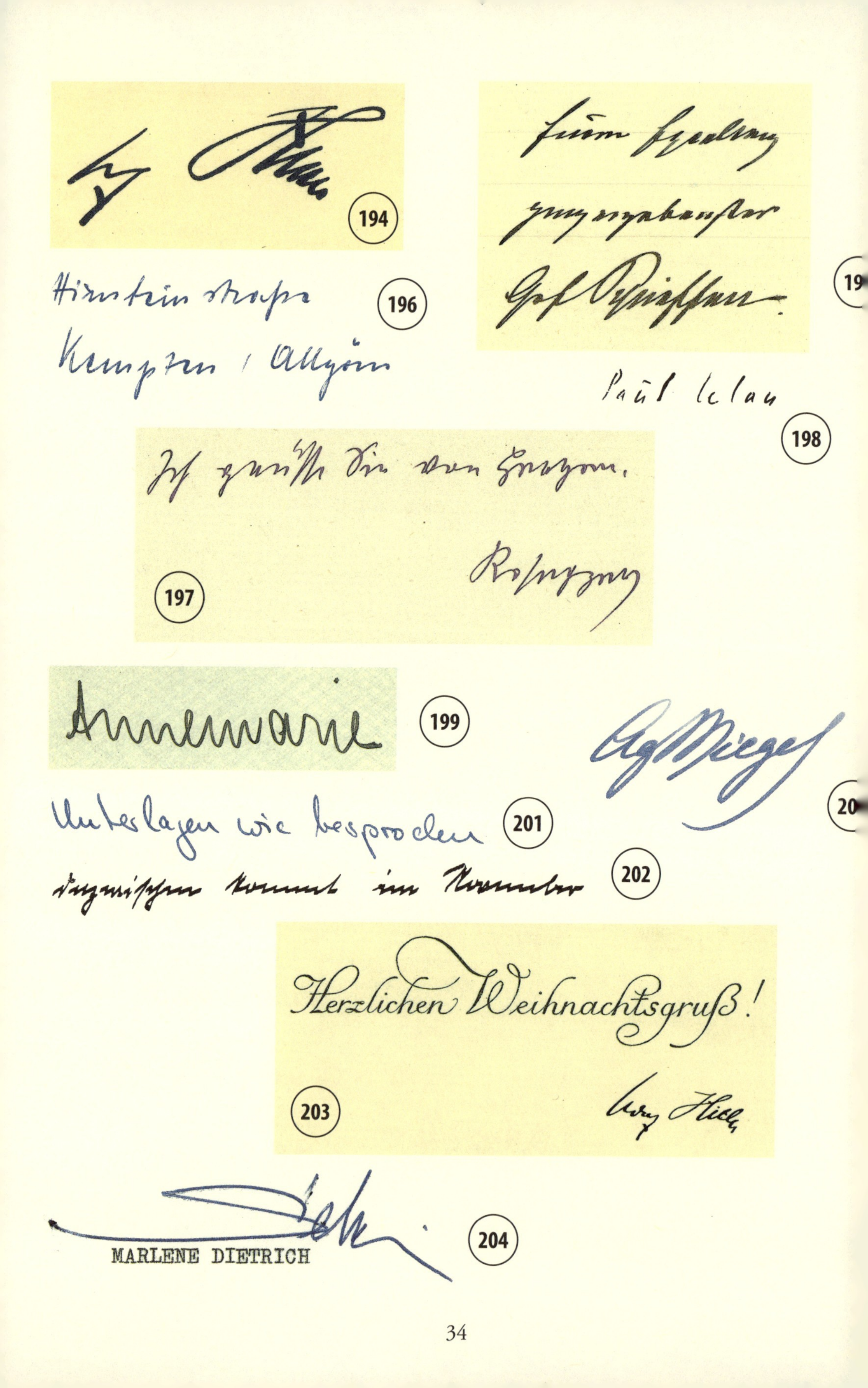

194

195

Hirnsteinstraße
Kempten / Allgäu

196

Paul Celan

198

197

Annemarie

199

200

Unterlagen wie besprochen

201

202

Herzlichen Weihnachtsgruß!

203

MARLENE DIETRICH

204

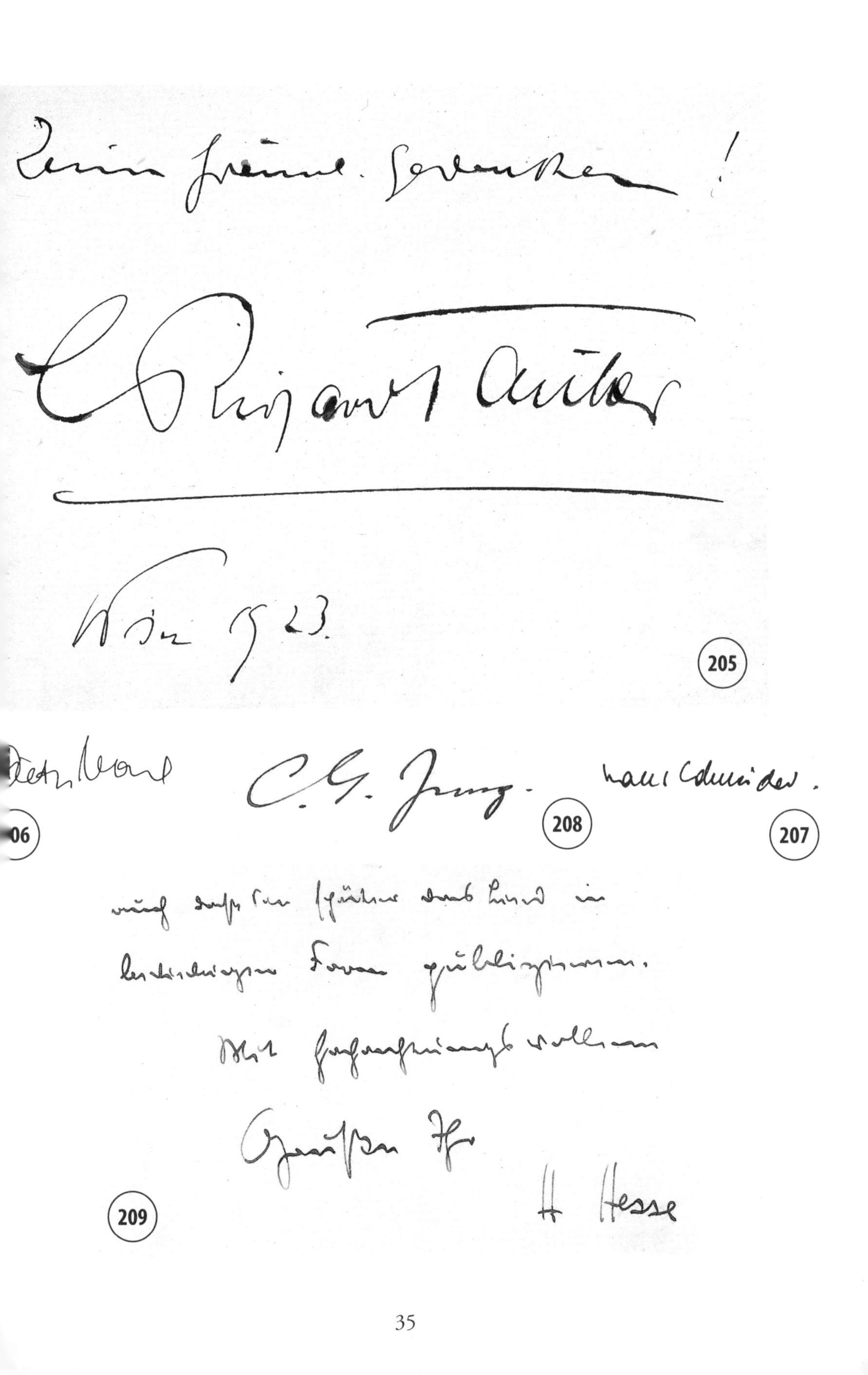

Wien 1923

205

06

C. G. Jung.

208

Hans Schneider.

207

Mit Hochachtung

Grüßen Ihr

H Hesse

209

210 an Ihre sehr verehrte Frau Gemahlin,

210a

211 Steffi Graf

212 Personalabteilung
(22a) Düsseldorf 10

213 Liebe Frau Klupsch!
Das anliegende Schriftmaterial habe ich für Sie gesammelt.

214 Ich bin froh, an dem einen Seminartag teilgenommen zu haben.

215 Wenn Sie selbst zu diesem Thema etwas geschrieben oder veröffentlicht haben, dann würde ich sehr gerne davon Kenntnis nehmen.

217 CHEERIO ERIC! AS EVER! STAN LAUREL! '61.

216a Rühre irgendwo ein gutes Glas Wein

Ein frohes Weihnachtsfest und ein gesundes Jahr 1990 216b

ob [illegible] [illegible] [illegible]
wie die [illegible] zu [illegible]
[illegible] [illegible] dann ich dort
[illegible] [illegible] [illegible] [illegible].

[illegible]
[illegible]!

[illegible] 218

[illegible] d. 11/12 57.

1.1.91.

Lieber Herr [illegible],

Herzlichen Dank für Ihren origi=
nellen Kalender + die guten Wünsche!

Mit gleicher Post sende ich Ihnen als
kl. Geschenk 1 Buch und wünsche ebenfalls
ein glückliches Jahr + volle Gesundheit!

Herzlichst

219 Ihr W. [illegible].

kannte. Auch Ihnen alles Gute und viele liebe Grüße von uns beiden

stets Ihr

Ernst Krenek

6. 9. 1970

220

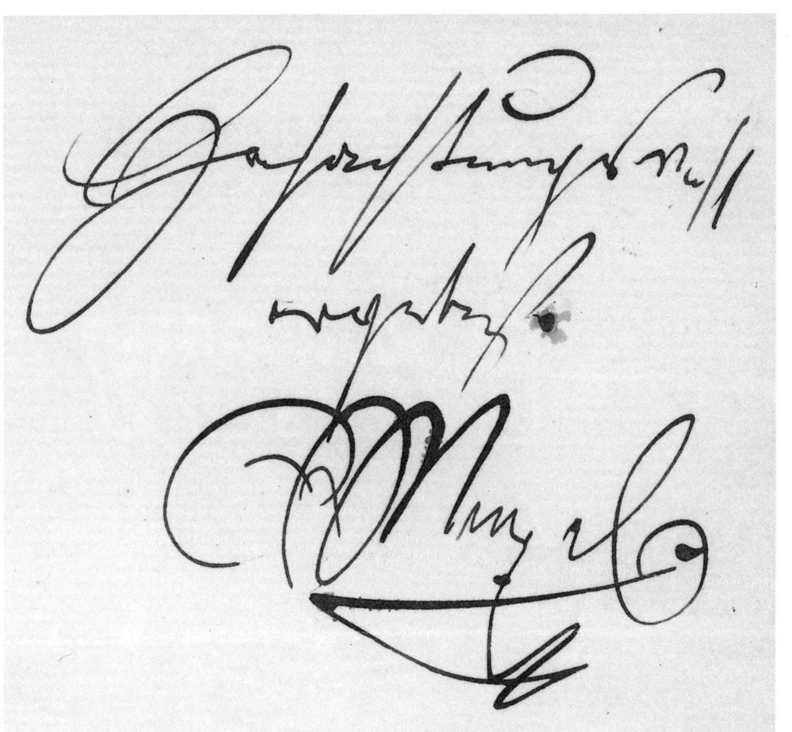

221

pour tous ces hommages!!
Agréez cher ami les meilleures salutations de votre tout dévoué

R. Leoncavallo

222

Franz Lehár
dirigiert

23

224

225

226

26a

227

228

229

230

231

232

Katzen. Außerdem reise ich gern.

233

With best wishes Marlene

234

235

236

237

238

239

M. Chang

Michael Chang

240

nicht ganz aktionsfähig ist, alles
Gute zum Geburtstag und dem
mit herzlichen Grüssen

241

und ich freue mich besonders darüber,

242

Handarbeit

243

244

Er grüßt, auch wenns ihm selber schmerzlich,
Nur kurz die Freunde, (trotzdem herzlich!)
Dass sie verstehn des Menschen Not,
Hofft zuversichtlich 245

Eugen Roth

In grosser Verehrung

Gerhart Hauptmann 246

[illegible] bedauert habe. Nun geht
alles durcheinander. 247

wie nach dem Hundertsten 248

…ühren wir am Abend des 16. Juli nach 249

…ente will ich mich kurz halten. 250

Mein lieber Herr Klüpsch 251

vielen guten Wünschen 252

wann es gelingt. 25

Ihnen und Ihrem Mann 254

Klages. 25

Reklame. Heute ist in diesem 257

Klages. 256

und grüße Sie sehr herzlich 258

Herrn Koll. Klimpsch u. Gattin
mit freundlichem Gruß!
Christian Deltweiler
259

[illegible] 263

[illegible] 260

Hans Werner [illegible] 261

Mit freundlichen
Grüßen
E. Roth
260a

Bernhard Wittich 26

Diese Zeilen des Dankes sollten 264

Herzliche Grüße
Ihr Ludwig [illegible] 265

Vielen Dank noch einmal für die
Werbung der Abonnenten. Eine 266

Martin Heidegger 267

Hochachtungsvoll
Edvard Munch 268

Je me permets de vous envoyer
ci-joint sous sa forme la plus récente 269

Doch schreibe ich Ihnen, um Sie nicht zu sehr
zu enttäuschen, diese Absage mit der Hand. 270
Elias Canetti

271

Happy New Year
31/XII/93. 272

Berlin
10. Januar 90. Th. Fontane. 273

274

August Strindberg. 275

als Vorausinformation übersenden wir Ihnen eine Musst 27

Michel holt sich den richtigen Hu
beim Rücken. Am Freitag kam er 27

hat ein gutes Schreibzeug keines Jahr

Herzliche 278 Jaromanny
Weihnachtsgrüße 279

H. G. Klupsch
Pedinghauser Markt 9 280

Mit bestem Dank
zurück 281 Komme am 28

Pflichtlektüre für alle stets nörgelnden
allzeit quengelnden, notorisch unzufrie-
denen Zeitgenossen! 283

in allen Ehren Ihre Eduard [illegible] 284

einem 286

Hans-Joachim [illegible]
[illegible] Straße 3
[illegible] 1 285

[illegible] 287

[illegible] 288

...erzliche Grüße aus
Bad Kissingen 289

Lars-Otto [illegible] 290

...ender und die
freundlichen
Weihnachtsgrüße. 291

Jürgen E. Schrempp 292

manchmal nicht leicht ist, sich nach einem 293

alles sofort herausnehmen! 294

t'obliger à m'écrire
pour me donner
de tes nouvelles,
que je souhaite bonnes.
J'écris à Durand
par ce même cour-
rier, le priant
de m'en donner
à toi de nouvelles
vieille amitié 295
Claude Monet

chen wirklich sehr schön
ist. Es freut mich sehr
zu hören, daß Sie eine
Übersetzung in den „Sturm“
bringen wollen.
Mit besten Grüßen
Ihr sehr ergebener
296 Kandinsky.

Eine Kugel wird bei totaler Ausleuchtung als
flache Scheibe gesehen, während sie bei
nur einseitiger Ausleuchtung und entsprechen-
der Verschattung als das erscheint, was sie
ist: ein dreidimensionaler Körper. Im
Falle der vollständigen Auslichtung ist der
Sehprozeß unterbunden. Es bleibt ihm nichts
zu suchen. Aufgrund der Wirk-Einheit von Licht
und Auge ist ein unterbundener Sehprozeß zu-
gleich Entzug von Licht. Um diesem
industriell betriebenem Lichtentzug zu begegnen, 297
setze man sich abends bei Kerzenlicht zusammen.

[illegible] 298

Das Gesicht offenbart uns die geistigen Kräfte,
Gesundheit und Krankheit und Leben und Pein,
Im Auge da spiegeln sich die verschiedenen Säfte,
Das Leid und die Liebe und die Seele so rein! 299

Sie im vergangenen Jahr für meine Entwicklung an Kraft und Zuwendung einsetzten. 300

301
ab Weidig [illegible] [illegible]
[illegible] [illegible] daß ihre [illegible]

Beste Grüße!
Ihr Friedrich Franke 3…

Dezember schenkt ein sel'ges Licht,
das heimlich durch das Dunkel bricht.
Denn immer wenn die Weihnacht naht,
dann streift ein Segen Herz und Pfad. 303

Ihnen und Ihrer Gattin
frohe Feiertage und ein 304

Mit freundlichen Grüßen

[illegible] 305

hier sind einige Schriften 3…

308

309

307

312

311

310

314

313

5

Jacques CHIRAC

316

[illegible] 317

Anbei die gewünschten Lagen. 318

wollte ich nur anmerken, daß mir noch nicht sicher erscheint ob der bei uns bis Ende März tätig gewesene Verlags 319

Trotz allem: Nie kommen wir aus unserem Zauberkreis heraus: Nie reichen – trotz aller verwegenen architektonischen Konstruktionen – die Wände unserer Behausungen aus für unsere „wenigen Bücher" 32

321 Duncan, when

heute habe ich vom Arbeitsamt den beilie
Vordruck erhalten. Dieser muß noch vo

32

323

schicke ich Ihnen die Zusammenfassung [illegible] 32

Ue

Excellente 325

Votre tout dévoué
Henri Heiné 32

ein Erlebnis ganz abgesehen von der literarischen Qualität des Buches. Also nochmals ein 327

bis am Bahnhof abholen kann. bis dahin beste Grüße 328

Ich möchte aber zu diesem Schema-Brief noch persönliche Grüße an Sie und Ihre liebe Gattin anschließen. 329

Hallo Fans
ich hoffe, daß ihr mir die Daumen drückt für die zwei wichtigsten Rennen in dieser Saison.
Grüße aus Japan ein
[illegible]
30

Theo Waigel 331

[illegible] 332

Mit sozialistischem Gruss!
Erich Mielke

333

Sehr geehrter Herr Klipsch,

Vielen Dank für die Übersendung der überaus interressanten Bro-

334

diesen Gesellschaft sollen

diesen Gesellschaft und

335

33

Diana

337

338

33

340

341

Ihr findet's kaum, es ist so klein.
Gibt Anlass nachzudenken

342

In herzlicher Verbundenheit
Ihre Marika Rökk

343

С уважением

Михаил Горбачев

344

Nach Beendigung des 12monatigen Wehrdienstes in de

3

Mein lieber Kronfeld!
Endlich bin ich dazu gekommen, Ihre Mss zu lesen – Ich bin sehr erfreut darüber und finde beide Arbeiten vorzüglich. „Vom Rhythmus der Libido" sollte abgerundet werden, dadurch, dass Sie auf die Exposition am Anfang zurückkommen. Der Traumvortrag dürfte sich für den Club eignen, die andere Arbeit ist zum Vortrag zu schwierig. Sie werden die beiden Arbeiten doch publicieren?

346

Die Seele lebt

347

348

EHRFURCHT VOR DEM LEBEN

Dies ist die Kraft, die mich treibt und die mich in ein Abenteuer (mit all seinen Höhen und Tiefen) ohnegleichen gestürzt hat. Ich bin davon überzeugt, daß ich es schaffen werde! Für meine Eltern bin ich ein Traumtänzer und für meine Frau ein Verrückter. Was meinen Sie?

Mit freundlichen Grüßen
Klaus [illegible]

349

Obwohl es mir schwer fällt, kann ich mich nur „streckenweise" gut konzentrieren, mein körperl. Zustand hat sich nur leicht verbessert.

350

Einen nachhaltigen Eindruck hat Ihr hervorragendes Referat hinterlassen. Ihre gesamtheitliche Betrachtungsweise entspricht auch meinem Denken und Sehen – das morphologische Denken, die Suche nach

351

ich hoffe, ich hab's etwas

352

353

354

Dr. Edmund Stoiber

355

356

Ich hoffe das wir im Januar
unsere Gespräche wieder aufnehmen
können ...

357

358

Honorar nach Annahme erbeten!
Belegexemplare erbeten!
Darf ich mir erlauben, höfl. darauf hinzuweisen,
daß sich in Ihrem Besitz noch (von mir) befindet:
Die Götter entstehen!
Hochachtungsvoll
B. Traven.

359

360

362

FRAGEBOGEN

Max Frisch

Berlin, 3. V. 1973

361

Grace de Monaco

363

Joannes Paulus PP II

364

Neues Erleben

Wieder seh ich Schleier sinken
und Vertrautestes wird fremd,
Neue Sternenräume winken,
Seele schreitet traumgehemmt.

367

nd vor allem, keine Trikse, sonst knallts! 368

Stattdessen fürchtet mich.
Dennerst wenn Menschen-
fleisch brennt, werde
ich Ruhe geben. 369

1. es handelt sich nicht um einen Verrückten
sondern um vier Scharfschützen welche gezielt
noch keine Menschen getötet haben. 370

bitte ich Sie, umgehend zurückzusenden. 371

eit geraumer Zeit ist geplant den Verräter
sse für seinen begangenen Verrat zur
rantwortung zu ziehen. 372

Gefängnis 373

WIR HABEN SIE GEWARNT!!! 374

375 [illegible]

s. Persönlich für Frau Hintze!
Sie haben gar nicht für Ihres
einzigen Sohn gemacht, sie nur
imer lügen und er weiß das
etzt auch. 375a

Entfürer
den Matias.

Vendredi 18 Fev: 1916.

Cher Monsieur,

voilà exactement soixante quatorze jours que je suis malade.
Après beaucoup d'essais, il paraît que le Radium doit modifier mon état?
J'attends! sans, d'ailleurs, pouvoir bouger de chez moi.
Excusez-moi donc si vous ne me voyez pas de moment et laissez-moi vous souhaiter bonne réussite.

Claude Debussy

376

Ihnen Mitte November zu kommen.
Welch Honorar empfängt Bülow für die Beethoven Ausgabe? Schreiben Sie mir es im Vertrauen; wahrscheinlich werde ich dasselbe Honorar wie Bülow verlangen.

Mit aufrichtigem Dank verbleibt Ihnen
freundschaftlich ergebenst

F. Liszt

29 Sept: 68. Rom.

377

Oskar Kokoschka

378

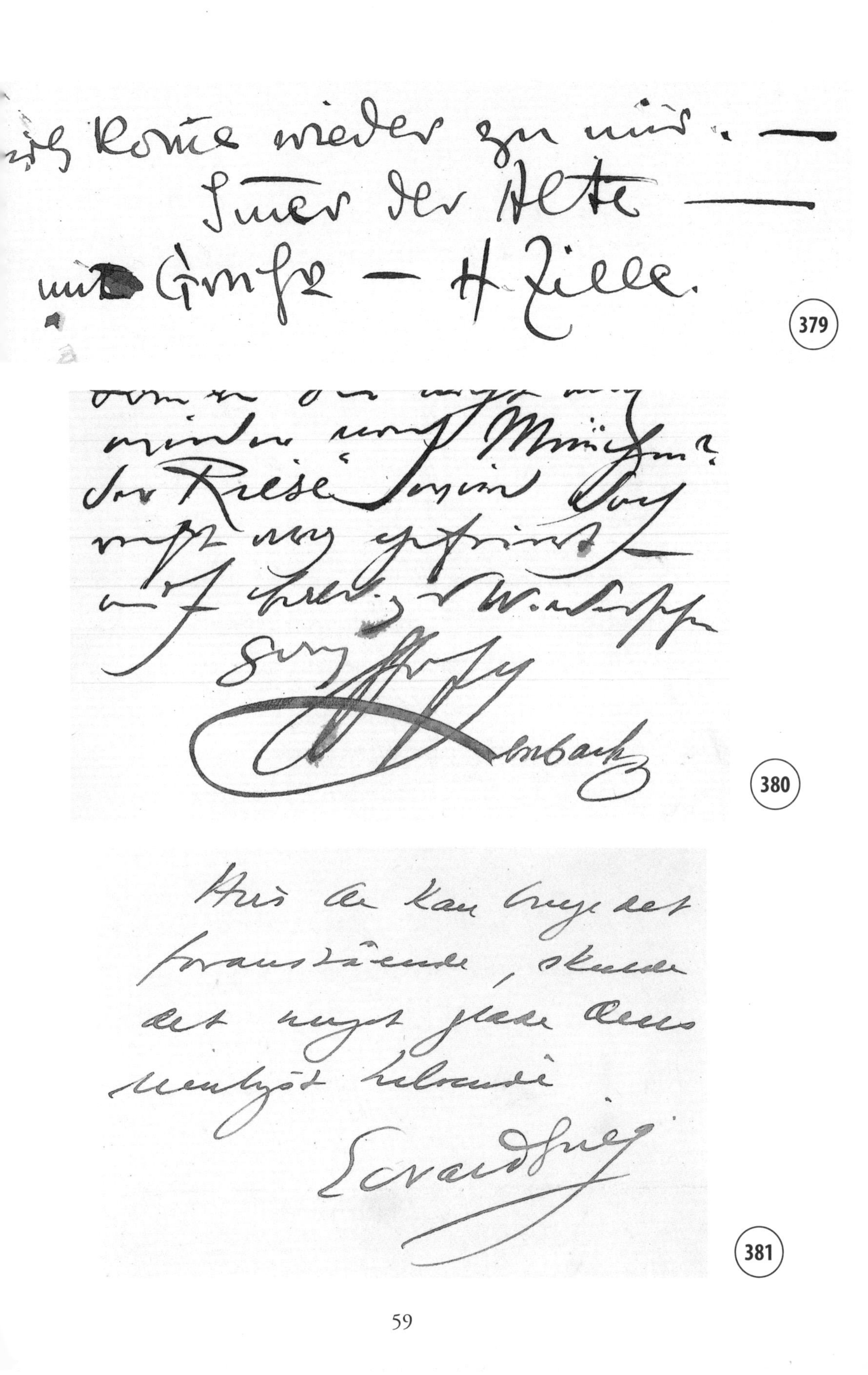

ich komme wieder zu mir. —
Immer der Alte —
mit Gruße — H. Zille.

379

380

381

Bewußtsein, Sie beide um sich zu haben,
den geliebten Sohn in größerer Nähe als seit Jahren,
und die von ihm ihr zugeführte Tochter, deren Liebe
und unermüdliche Fürsorge von keiner leiblichen Tochter je
hätte übertroffen werden können. 382

Vielen Dank für die vielen
zusätzlichen Geigenstunden 383

Richard Weininger, den ich zu mei-
nen erprobtesten und theilnehmendsten Freunden
rechnen darf, telegrafiert mir Ihre Ankunft
hier in München. Ob ich gleich, seit Wochen von
allem zurückgezogen, fürchten muß, ein recht un-
unterrichteter Ratgeber zu sein, stelle ich mich
Ihnen doch gleich auf das Freudigste zur Verfügung.

Zwischen elf und eins heute bin ich wieder
im Hôtel; vielleicht kommt mir dann eine Zeile
zu, die mir sagt, wann ich Sie begrüßen dürfte.

In der größten Ergebenheit

384 Rainer Maria Rilke

385

Robert Holz

J-Erte

386

Knut Hamsun

387

Ich bin dankbar dafür, dass ich das Baumaterial zu diesem Monument beitragen durfte.

388

C. G. Jung.

… during your loss.
is comes from deeper
on from your devoted

9) Diana.

Ihrer Information.

390

Das Ziel dieser Untersuchung war,

391

3)

Schwester Michaela

François Mitterrand

392

[illegible] Mann

394

[illegible]

[illegible]

395

396

7) Der
[illegible] [illegible]

[illegible]

398

[illegible]

399

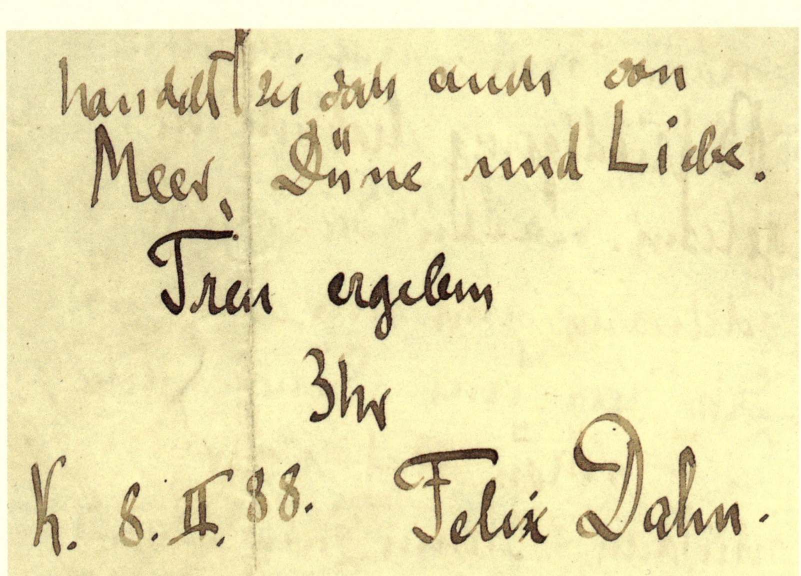
handelt sich's auch von
Meer, Düne und Liebe.
Treu ergeben
Ihr
K. 8. II. 88. Felix Dahn.

400

zu befördigen.
Mit einer baldigen Antwort werden Sie
sehr verpflichten Ihren achtungsvoll ergebenen
Ant. Rubinstein

40

lieben Frau wünsche ich ein glückliches Fest. Ich weiss, Sie
werden es geniessen und bin glücklich darüber. Wir hoffen
bald Sie wieder zu sehen. Und nun alles Gute für Sie und
Ihre Frau. Bleiben Sie uns noch lange erhalten. Ich schliesse
diesen Brief mit diesem Wunsch und höre Ihren Schubert
zu Ende, wie immer von Ihnen beschenkt.

Mit allen herzlichen
Geburtstagswünschen
auch von meiner Frau
Ihr

Friedrich Dürrenmatt

Neuchâtel

402

403a

Fritz Walter

403b

PEARL S. BUCK

Pearl S. Buck

403

An Wolfgang Hindhausen
mit Gruss und den besten
Wünschen von
Stefan Askenase
d. 31.1.1976

404

avec le regret de ne pouvoir
disposer d'une meilleure
place.

EMILE ZOLA

23, rue Ballu

407

405

Hans Moser
19/VIII 1956

06

408

la danse de Siva le dévorant, et
qu'il s'est condamné à reparaître dans
le cycle cruel des existences.

Vous vous alarmez à tort
d'une phrase de <u>Colas Breugnon</u>. Cette
phrase est dans l'esprit de ce vieux
gaulois malicieux, qui aime à médire
des femmes; c'est une tradition de
la race; mais les femmes de Gaule
savent bien qu'il ne faut pas la
prendre au sérieux. Et, en tout cas,
je ne me porte pas garant de ce que
disent mes personnages; ils parlent
selon leur nature, non ~~pas~~ selon la
mienne: je ne suis que leur secrétaire.

Veuillez croire, chère Madame,
à ma respectueuse sympathie

Romain Rolland

409

Ihr sehr ergebener

410

411

412

413

414

Ihr

Lothar Späth

415

416

417

419a

418

Nixon-Unterschrift aus dem Jahre 1969

419b

420

Nixon-Unterschrift von Anfang 1974

419c

Beautyshot with Patrick again!

6.00 p.m.

419d

421

Nixon-Unterschrift aus den Wochen vor seinem Rücktritt

Ingrid Biedenkopf

424

422

425

„Ein Landesminister in diesem ungepflegten Aufzug ist eine Mißachtung des Parlaments!" 426

427a

427b

Alles Falsche, alles Recht 429

Claudia Nolte

430

431

432a 432b 432c

432d 432e 432f 432g

432h 432i 432j 432k

433 434

435 436

437 438

439 440

441 443

442 444

446 445

Bitte, empfehlen Sie mich Ihrer verehrten
Frau Mama aufs Beste und seien
Sie selbst herzlich gegrüßt von
Ihrem ergebenen
Max Reinhardt

447

Ich habe die Ehre, mit besonderer Hochachtung zu seyn,
verehrungswürdiger Herr
Ihr aufrichtigergebener
J. C. Lavater.
Zürich,
d 14. Nov. 1780

448

Fred Astaire

449

[illegible]

450

[illegible]
Graf Hermann Keyserling

451

452

Das war wieder 453

Recklinghauser 454

Schallplatten noch nicht heben 455

ymnatium

56

Andreas von Schoeler
Oberbürgermeister 457

458

5. Kriegsweihnacht. dein Vater

459

60

Mit allen guten Wünschen
die Feiertage und ein erfolgreiches
neues Jahr bin ich Ihr Freund

461

462

leisten kann. Ein Schmerz ist mir, dass ich zur Zeit nicht an der Fertigstellung von Büchern arbeiten kann, denen ich ihre definitive Form geben möchte. Hoffentlich komme ich noch dazu ... Mit lieben Grüssen Ihr ergebener

Albert Schweitzer

463

Schön ist es immer, und das war mir von Anfang klar, auf solch engagierte Kollegen zu stoßen, wie Sie es einer sind.

464

Alfred Polgar

465

Mit besten Grüßen

Ihr

Joachim Ringelnatz

466

Mit freundlicher Empfehlung. 467

mit seiner Verwandtschaft hier 468

Glückwünsche. Mein Geburtstag ist ja immer noch am 23./4., falls Du es nicht mehr wissen solltest. 469

u. besten Dank für Ihre Gedanken zur heilwirksamen Ernährung. Ihr Manfred [illegible] 470

Es tut mir sehr leid, dass ich das tun muss. Und ich tue es auch nicht sehr gerne. Aber ich bringe mich um 471

Ausser der Erteilung der Option übernehme ich keinerlei Verpflichtungen von einer eventuellen Einigung über einen Vertrag

Mit vorzüglicher Hochachtung

Karl Jaspers 472

beruflich verhindert bin –
Käthe Dorsch

47

Ihr
Otto Gebühr

474

HEINO

475

476

477

Erika Mann

478

Theo Lingen

479

Bruno Walter

480

Meine Liebe ist gross
wie die weite Welt

481

Meinem lieben Mitarbeiter
Winter 1904.

481a

482

Eduard Spranger 483

Henry Miller 484

ihr sehr ergebener

485

Mit freundlichen Grüssen

486

487

Sehr verehrte Frau Professor Wolff,

Es hat mich sehr gerührt, dass Sie daran gedacht haben, zu Allerheiligen das Grab meines Mannes mit einem Kranz zu schmücken, und ich danke Ihnen von Herzen.

Ihre

Katia Mann.

488

489

Anke 490

491

493

494

492

495

496

habe schon mehrere Einfamilienhäuser 497

Nun bin ich mächtig gespannt 498

es 3 Wochen (minus
Ihnen, Sie sind immer
bekam. Andere Arbeit
nicht, sonst bekomme
Ich werde mal

499

500

Sie wieder nach Berlin, 501

tion erleben – u. immer wieder sind
es die Unbegabtesten in die man
als Lehrer die meiste Energie„ in- 502

503 Lieber Herr Kleinpeh!
Für die Aufmerksamkeit zu meinem
Geburtstag möchte ich Ihnen herzlich
danken. Mich interessiert die Leisarbeit
sehr und bei Ihrem nächsten Besuch hier
sollten wir auf jeden Fall über dieses Thema
sprechen. Viele herzliche Grüße
Ihr Georg Mahr.

Lübeck, den 4. November 78.

Betrag erhalten 504

Naspa Grenzhausen 504a

Frohe Weihnachten u. ein gutes u. gesundes 505

und stets den besten Wind aus der besten Richtung – 505

Mit herzlichen Grüssen,

Ihr Landschmidt 506

Herrn
Hans-Joachim Klüpsch
Pedinghauser Markt 9
4700 Hamm 1 506a

eigentlichen Anlaß 507a

der Nummern 01 - 69.32.86 und
hin und her. 507b

Ich habe anfangs dieser Jahre 507c

bin sehr dankbar über 507d

…iebe Mitbürgerinnen, liebe Mitbürger
…ir in Schleswig-Holstein haben in den vergangenen
…ahren unser Land miteinander nach vorne ge-
…racht. Dafür möchte ich mich bei Ihnen bedanken.

508

Julio Iglesias

509

Bien sincèrement
Stéphanie de Monaco

510

Stephanie D.
Daniel

511

…12

Yours sincerely,

Maria Meneghini Callas.

Maria Meneghini Callas

Peter Illmann

513

Es ist schwer zu sagen wie es weiterge
uns beiden weiss es. Du würdest sofort
gehen jedoch sofort auch nicht weil Du angst 5

Musik + Literatur, Sport (Tennis) als Ausgle
Vor 8 Jahren starb sein Vater an seinem Geburt 5

Ich scheiße auf die Kirche
auf den Papst und seinen k
segen,
ich brauch ihn nict als Krücke
ich kann alleine leben

falls du das nich kanns
oder fall du ihn brauchst
werde mit ihm glücklich
doch zwing mir nicht
deinen glauben auf

G G G G

516

Wir sind zur Zeit Amboß.

nicht Hammer! 517

518

Norbert Blüm

Heil Hitler! 519

H. Himmler.

Reichsführer-SS

521

Elvis Presley

522

520

523

Ernest Hemingway 524

Wolf Lepenies 525

LLOYD TRIESTINO

PIROSCAFO „HELOUAN“ 15. II. 30

[illegible]

SMOLARS, TRIESTE 1929

526

THOMAS MANN **ERLENBACH-ZÜRICH**

27. Jan. 54

Geliebtes Kind,

ich schicke Dir die Abschriften von Kapitel 10 und 11 des III. Buches. [illegible] [illegible] [illegible] zu Anfang einer [illegible] [illegible], das [illegible] aber [illegible] lassen. Ich meine, ob [illegible] [illegible] [illegible] [illegible] [illegible] genug [illegible] und darauf [illegible] worden. [illegible] sehe ich das Ganze mit [illegible] Augen an, [illegible] und mehr als gleichgültig. Ich [illegible] [illegible], daß [illegible] [illegible] sich so darauf [illegible]. Ich [illegible] [illegible], und gefallen [illegible] [illegible] [illegible] [illegible] Rede im Kreuzgang. Das hat einen gewissen [illegible] Eindruck.

Wenn ich dann freilich so anderes lese, z. B. „Der letzte Sommer" von der [illegible] Ricarda —, „Mein Gott, als Kriminalgeschichte ist es doch recht schwach. Den Mörder sollte die Polizei nicht ausfindig machen? Und dann das Sprachliche. Die [illegible]

E. Duse
528
529
Was auch geschieht,
nie dürft Ihr so tief sinken:
von dem Kakao, durch den man
euch zieht,
auch noch zu trinken!
530
Ihr Erich Kästner
531
Herzliche Grüsse
Hannelore
Elsner
532
ergebenster
Gustav Freytag.
533
535
Herzlichst! Erna Berger.
1987.
536b
Herzlichst! Erna Berger.
536a

With very best wishes

537

A. Gomel

Rada Wiesner.

P.S. Ich wäre natürlich sehr
einverstanden, wenn Sie diesen 538
und den vorigen Brief gleichfalls

friends,

many of you have written to me 539
I worked at the Royal Opera House
ondon performing DONNERSTAG aus LICHT,

Ich lasse mich überraschen. 540

anstehenden Probleme zu
Lebensumstände "zwingen" 541

Ich kann mich nur mit Zeitmangel
entschuldigen. 542

Anbei sende ich Ihnen den Vortrag
von Hr. Bosset. Leider hatte ich ihn
vergessen Ihnen mitzugeben in Linz. 543

[illegible] 1838. [illegible] Schumann 544

[illegible] 545

Licht- und Glückseligkeitsziel kommt 546

Nur eines finden 547
wir gar nicht gut

Sebastian Haffner 548

Würfel – springt die Frau zur Se[illegible]
der Dolch in dem Herzen auf der Cafe[illegible]
– Rasender Beifall!
549

p. 31.3.82

Nieron-Liquidum 10P

3x tgl. 10 Tropfen

für Katze der 550

Liebe Bunk,
Sehr interessant
die Geschichte über
Handdeutung. Ich
glaube daran.
?! meine Untersuchung 551

An die Gratulanten 552

Tausend Wünsche sind gekommen
pausenlos von früh bis spät,
und ich hab sie (auch die frommen)
Kurzerhand beim Wort genommen
und vorm Fenster ausgesät.

Vorhin hob ich die Gardinen.
War es Täuschung? Sah ich's grünen?
Werden's Blumen? Bleibt's Papier?

Sollt' es blühen, lag's an Ihnen.
Wird es nichts, dann liegt's an mir.

1964 Ihr Erich Kästner

Liberace 553

Matthias Claudius. 554

Herzlichst
Ihr
Herbert 555

es war sein Motto "do or die" – 556

Meine eigentliche Schrift kann NIEMAND
lesen, – daher bediene ich mich des Äquivalents
dessen, was T. M. seine „Lateinische Kinder-
schrift" nannte. Nur tue ich es überdies
und notgedrungen im Bett, – ein schlecht
schreibendes Kind.

Meine Gesinnung, dagegen, ist die beste,
und ich bin immer

Ihre

Erika Mann.

557

mich, Gott strafe England, abgöttisch liebt, möchte gern im
Sommer eine 8 tägige Tour mit und nicht einem mitmachen u. zwar auf
seinem bei-Motorboot auf irgend einem stillen Fluss. Wenn

558

559

Ich [illegible] [illegible] Bitte

Dich zum [illegible] Essen

560

Lieber Zauberer –

nun ist es ja so gut wie sicher, dass der Geburtstagsbrief ein wenig zu spät kommt; aber dadurch macht er sich vielleicht nicht weniger hübsch.

Hier ist es überstanden plötzlich heiss; aber wir eilen und rennen trotzdem ganz tätig

560a

gleichen. [illegible] Herzens, [illegible] noch nie. – Wir müssen – müssen, müssen – unseren Politischen Ausflug [illegible]. Es würde eine [illegible] Gefahr. Ich bin

[illegible] Mann

561

Stefan Zweig

Salzburg.

562

563

BOSNIEN

Donnerstag 21. Juli

Split - Feier Atmosphäre

Küstenfahrt mit Kunst

POSULJE = Kontrolle, Pass Visé

Nur kroatische Fahnen

564

Das ganze Leben durchdringend ...

566

565

567

570

569

Egidius Braun, DFB-Präsident

568

571

572

574

573

in Dankbarkeit für
einen Brief (vor Jahren),
der mir besonders großes
Verständnis für meine
Arbeit in der Schule zeigte.

to
Weihnachten

1 9 7 9

Jürn Brenner 575

Es wird die nie gefundne
der Perlen größte sein.
Es wird der ganz Gebundne
der ganz Erlöste sein.

Werner Bergengruen 57

Interesse der Leser 577

578

Es hat geklopft:

30.5.(2x) am Fenster Mutter hat gehört
3.6.(1x) an der Hauswand Mutter hat geh.
4.6.(1x) an der Hauswand Mutter hat geh.
6.6.(1x) an der Hauswand Mutter hat. geh.
7.6.(1x) am Fenster Mutter hat geh.

Liebste sag warum liebst Du gerade einen so unglücklichen mit seinem Unglück auf die ~~Dauer~~ ge- weg ansteckenden Jungen. Ich gieng heute auf dem Ausflug mit einem vernünftigen Mädchen, das brav ist und das ich seit jeher gut leiden kann. Wie klagte sie mir aber (ich komme 1mal im 1/4 Jahr mit ihr zusammen) über ihre Lage, mir wurde ganz übel. Aber als wir dann alle bei Tische waren und ein lustiger Junge sie zu necken anfieng, war sie so schlagfertig, wie man nur wünschen konnte, und besiegte ihn. Ich muss einen Dunstkreis von Unglück mit mir führen. Aber nicht Angst haben, Liebste, und bei mir bleiben! Ganz nahe bei mir!

Franz

579

580

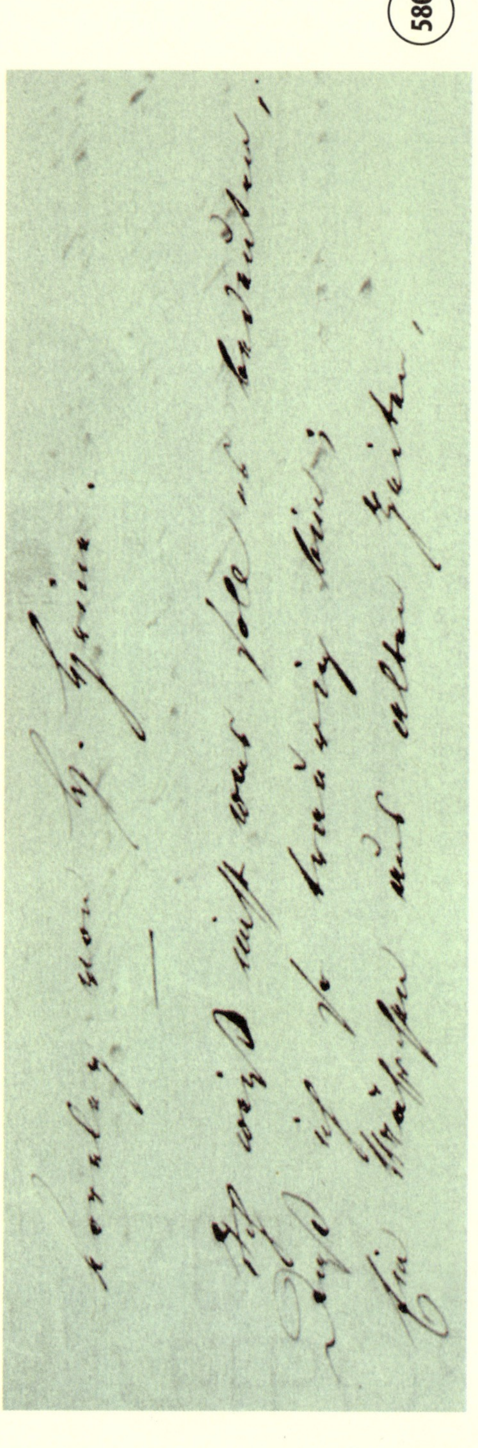

581

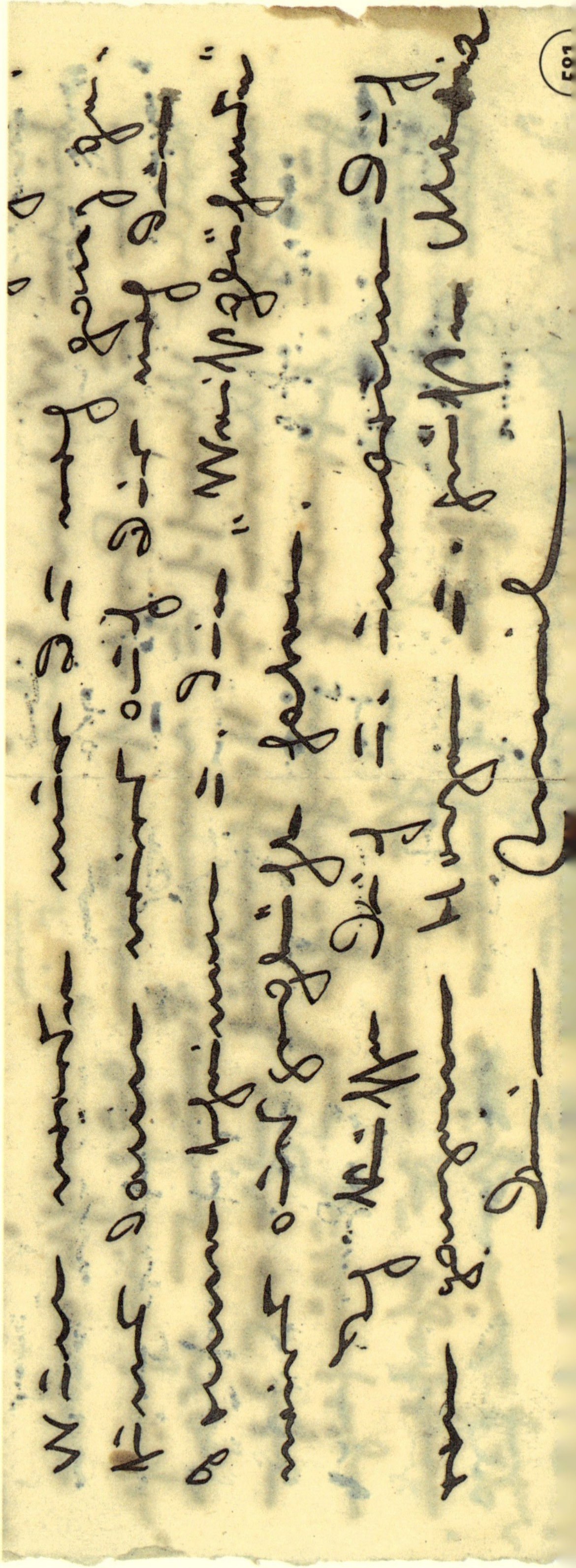

Die Sache des Herrn Treller nimmt eine gute Wendung[1] und er schreibt Ihnen hier. Er schrieb den Brief vorgestern Donnerstag spät Abends bey mir; als er ihn zumachen wollte, fand es sich daß das andere Blatt von mir bereits beschrieben war. Er wollte ihn umschreiben, ich sagte aber ich wollte alles bey Ihnen gut machen und bestellte ihn so, wie er war. Er reiste die Nacht weg nach Hamburg.[2]

In höchster Eile geschrieben von

ganz dem Ihrigen

GCLichtenberg

Göttingen d. 3 Oct. 1785.

Monsieur,

Mon écriture n'est pas belle. Telle quelle est, je vous l'envoie avec mes remerciements pour les sentiments que vous m'exprimez

George Sand.

Nohant. 21 8bre 71.

583

Mit Ihren Vorschlägen bezüglich der Herausgabe meines Buches „Le Mystère chrétien et les Mystères antiques" erkläre ich mich einverstanden. Im Beifolgenden übersende ich den von mir unterzeichneten Vertrag (l'acte de cession), dessen Duplicat ich für mich behalten habe. Entschuldigen Sie, dass

Dr. Rudolf Steiner

583a

Hotel Haus
OBERAMMERGAU

30. I. 31. 584

Lieber Charles!

Du bist wohl nicht wenig erstaunt, daß mir auch hier ein kleines Pech passiert ist. Die Kleinigkeit nehme ich mir nicht zu Herzen, nichtmal ein Bruch. Denn kriege ich ja wohl ein bisschen Zehrgeld nicht?

Gruß

U. Schwarz

Infolge der verspäteten Erneuerung besteht kein Anspruch auf Krankenhilfe oder Krankengeld.

Gruß

ich mich auch, möchte jedoch erst spä
mich entschließen. Mit freundlichen
Grüßen, Ihr Walt Kempowski 585

Schulden in Wien z. Unterhalt mit Ehefrau
von 15. März 1926 bis 31 Dez. 1935
inkl. Klaviermiete + Proberäume = 9½ Monate 586a

In Eile · Anbei drei Photos 586b

meine Frau: das Hochzeitsbild

letzte Kapitel unserer Gedin...
auf und setzt ihr einen wür...
und bleibenden Schluss-
punkt. 586c

Roman Cycowski – Palm Spr...
...

schwedische Staatenlosenpässe.
. der Vorbereitung der Visa, die z...
...kholm erbitten, auf diese Mög...
Mit besten Grüßen Ihre 586d
Comedian Harmo...
Collin.

Si mal der Zufall, erstens Du
durch Ihre Mann er ist guter 586e

...Y. Anrufe von Dresden nach De...
(Owens) und gefragt ob Be...
... – Funkel Stimme. 586f

587

588

Friedrich Denk

589

Gern denke ich auch an die vielen Jahre, die wir uns kennen und die wir in Eintracht und gegenseitiger Achtung erleben durften.
In alter Verbundenheit bleibe ich
Ihr

590

591a

591b

Eugenio di Savoya

592

Werden Sie es mir verzeihen, verehrtester Herr Director und College, wenn ich, der sich gern um das Glück der sogenannten [illegible] heute zum ersten Mal in [illegible] bekümmert [illegible] erscheine [illegible] meinem Leben, bittend vor Ihnen [illegible] warmen [illegible] [illegible]

[illegible]

Ew Hochwohl

Berlin den 13 April 1844

gehorsamster
AlHumboldt

593

Als Gott die Zeit machte, hat er genug davon gemacht – Irisches Sprichwort

Für Wilhelm u. Hildegard Stein, mit sehr herzlichem Dank für Gast-freundschaft, auch im Namen meiner Söhne

594 Heinrich Böll

10. März 79.

Keine Angst vor kühnen Gedanken!

Mit allen guten Wünschen!

20.III.79 .. [illegible]

595

596a

Karl Valentin

1. Dez München 1933

596b

Ich bin nicht so ganz damisch wie <u>er</u>
drum schreib ich etwas deut<u>licher</u>

Der lieben Familie Hieber
herzlichst Liesl Karlstadt

8. oder 9. Dez. 1933

Bitte diese – später äußerst
wertvollen Aufzeichnungen –
sehr gut aufheben. Endlich habe
ich Heim soweit, daß er sich
eingehende Aufzeichnungen als
Grundlagen für diese Vermerke
macht. Jede nicht ganz zutreffende
Niederschrift wird von mir noch

einmal korrigiert!

M. 20.10.

597

Schriftproben

	Verfasser H. J. Klupsch
1	im Alter von 10 Jahren
1a	im Alter von 16 Jahren
2	im Alter von 25 Jahren
2a	im Alter von 38 Jahren
3	im Alter von 50 Jahren
3a	im Alter von 65 Jahren
4	im Alter von 68 Jahren
	Verfasserin Dela Klupsch
5	im Alter von 17 Jahren
5a	im Alter von 20 Jahren
6	im Alter von 23 Jahren
6a	im Alter von 26 Jahren
7	im Alter von 29 Jahren
7a	im Alter von 34 Jahren
8	im Alter von 42 Jahren
8a	im Alter von 45 Jahren
9	im Alter von 58 Jahren
10	Maschinenbau-Ingenieur i. R., 70
11	Altenpflegerin, 35
12	Erzieherin, 34
13	Ulrich Wickert, Fernsehjournalist/Redakteur
14	Studentin
15	Bautechniker, Beamter, 46 (aus Fachbeilage z. EGS-Bulletin 94,2 wie auch Nr. 16 und 17)
16	gelernter Koch, 24
17	weiblich, 38, lic. jur. Sekretärin
18	Wilhelm Busch, Maler, Grafiker, Dichter, s. auch Nr. 182, 183
19	Boris Becker, Tennisprofi
20	Michael Stich, Tennisprofi
21	C. G. Jung, Arzt und Tiefenpsychologe, Begründer der analytischen Psychologie, s. auch Nr. 208, 346, 388

22 Eugen Drewermann, katholischer Theologe und Psychotherapeut, Buchautor, s. auch Nr. 23
23 dto., s. auch Nr. 22
24 Frédéric Chopin, Pianist und Komponist
25 Rainer Maria Rilke, Dichter; 2 Wochen vor seinem Tod, s. auch Nr. 384
26a, b Friedrich Nietzsche, Philosoph
27 John Locke, englischer Philosoph (Tabula-rasa-Theorie)
28 Uwe Johnson, Schriftsteller
29 Maurice Ravel, französischer Komponist
30 Sepp Herberger, Trainer der deutschen Fußballnational-Elf, Weltmeister 1954
31 Helmut Kohl, Politiker (CDU), Parteivorsitzender, Bundeskanzler 1982–1998
32 Alexander Mitscherlich, Mediziner und Psychologe (»Die Unfähigkeit zu trauern«)
33 eine Bio-Bäuerin
34 eine Graphologie-Interessentin
35 ein Club-Sekretär
36 unbekannt, männlich
37 Jürgen Roland, Fernseh-Regisseur
38 Bankangestellte
39 Sven Hedin, schwedischer Asienforscher
40 Ludwig II, König von Bayern
41 Franz Schubert, österreichischer Komponist
42 Richard Wagner, Komponist
43 Helene Lange, Lehrerin und Förderin der deutschen Frauenbewegung
44 Mildred Scheel, Ärztin, Präsidentin der deutschen Krebshilfe
45 Maria Theresia, römisch-deutsche Kaiserin
46 Friedrich II, Der Große, König von Preußen, s. auch Nr. 83, 147
47 Michael Glos, Politiker (CSU), Landesgruppenvorsitzender im Bundestag
48 Ludwig Erhard, Politiker (CDU), Begründer der sozialen Marktwirtschaft
49 Richard Jaeger, Politiker (CSU), Bundesminister a. D.
50 Björn Engholm, Politiker (SPD)
51 Hans Jochen Vogel, Politiker (SPD)
52 Uwe Barschel, Politiker (CDU), (Barschel-Affäre)
53 Joseph Beuys, Plastiker, Künstler
54 Franz Josef Strauß, Politiker (CSU)

55 Karl Dall, Komiker
56 Otto v. Bismarck, Gründer und erster Kanzler des deutschen Reiches
57 Thomas Mann, deutscher Schriftsteller, 52, Nobelpreisträger Literatur 1929, s. auch Nr. 114, 527
58 Martin Luther, Reformator
59 Rudolf Scharping, Politiker (SPD), s. auch Nr. 127
60 Konrad Lorenz, 80, Verhaltensforscher, Nobelpreis Medizin 1973
61 evangelischer Geistlicher
62 Ludwig Marcuse, 66, Schriftsteller, Philosoph
63 Graphologin
64 Robert Jungk, Publizist und Zukunftsforscher
65 Jörg Kachelmann, Fernseh-Meteorologe
66 Herbert Wehner, Politiker (SPD)
67 weiblich
68 Laborleiterin Milchwirtschaft, 33
69 Indira Gandhi, 59, indische Politikerin Kongreßpartei, Ministerpräsidentin; ermordet
70 Schriftpsychologe
71 Heinz Erhardt, Komiker
72 Chemiker
73 ein landwirtschaftlicher Gutsverwalter
74 Leo Trotzkij, sowjetischer Politiker; ermordet
75 Max Born, 74, Physiker, Nobelpreis 1954
76 weiblich
77 Ludwig Uhland, Dichter, Schriftsteller
78 Hans Albers, Filmschauspieler
79 Louis XV, König von Frankreich
80 Johann Wolfgang v. Goethe, Dichter
81 Ricarda Huch, Schriftstellerin und Historikerin
82 Uta Ranke-Heinemann, katholische Theologin
83 Friedrich II, Der Große, König von Preußen, 3 Monate vor seinem Tod; s. auch Nr. 46, 147
84 Elly Ney, Pianistin, Beethoven-Interpretin
85a–c Igor Strawinsky, US-amerikanisch-russischer Komponist (»Der Feuervogel«)
86 Guiseppe Verdi, 74, italienischer Opernkomponist (»La Traviata«)
87 Jugendliche, Lockvogel eines Mörders
88 Stationsschwester

89 Mikrobiologe, Prof. Dr.
90 Milchwirtschaftler im Untersuchungs- und Überwachungsbereich
91 weiblich
92 männlich, Antwort auf Kontaktanzeige
93 Massen- und Selbstmörder, der sich selbst als »Totmacher« bezeichnete (26 nachgewiesene Morde)
94 männlich
95 Sigmund Freud, 67, österreichischer Psychiater, Begründer der Psychoanalyse
96 Helmuth Graf v. Moltke, 90, preußischer Heerführer
97 Napoleon I, Kaiser der Franzosen
98 Hans-Dietrich Genscher, Politiker (FDP), Bundesaußenminister a. D.
99 Charlie Chaplin, Filmkomiker
100 Jürgen W. Möllemann, Politiker (FDP)
101 Josef Meinrad, österreichischer Schauspieler, Träger des Ifflandringes
102 Franz Grothe, Komponist, U-Musik, Filmmelodien
103 Alfred Kubin, österreichischer Grafiker und Schriftsteller
104 Günter Grass, Schriftsteller, Grafiker (»Die Blechtrommel«)
105 Udo Jürgens, österreichischer Schlagersänger, Komponist U-Musik
106 Margarethe Schreinemakers, Talkerin (»Schreinemakers Life«)
107 Friedrich v. Schiller, Dichter
108 René Kollo, Heldentenor (Wagner)
109 Berti Vogts, Fußball-Trainer Nationalmannschaft
110 Wilhelm Grimm, Jacob Grimm, Begründer der deutschen Sprachforschung, Kinder- und Hausmärchen
111 Philippe Jaffré, Industrie-Tycoon, elf-aquitaine, Frankreich
112 J. I. Lopez, war Chef-Einkäufer bei VW (Auseinandersetzung Opel/VW)
113 Marcel Reich-Ranicki, Literatur-Kritiker (»Das literarische Quartett«)
114 Thomas Mann, 65, Schriftsteller, s. auch Nr. 57, 527
115 Arnold Schönberg, österreichischer Komponist, Begründer der enharmonischen Zwölftonmusik
116 Heinrich George, Schauspieler, Helden- und Charakterrollen
117 Roberto Blanco, Schlagersänger
118 Hildegard Knef, Schauspielerin, Sängerin, Buchautorin, s. auch Nr. 119
119 Hildegard Knef, in jungen Jahren, s. auch Nr. 118
120 Andreas Möller, Fußballspieler
121 Romy Schneider, Filmschauspielerin (»Sissy«)
122 Sepp Maier, National-Torwart

123 Catarina Valente, Entertainerin
124 Marc Chargall, Maler
125 Peter Voß, Fernseh-Journalist
126 Harry Houdini, Großmeister der Zauberkunst, Entfesselungskünstler
127 Rudolf Scharping, Politiker (SPD), Zeichnung aus DER SPIEGEL, s. auch Nr. 59
128 Hans Meiser, Talkmaster, Fernsehmoderator
129 Brigitte Faßbaender, Sängerin
130 Maria v. Welser, Journalistin (»Mona Lisa«)
131 Hella v. Sinnen, Entertainerin (»Ich bremse auch für Männer«)
132 Joachim Fest, Journalist (»Hitler«)
133 Helmut Markwort, Journalist (FOCUS)
134 Erwin Teufel, Politiker (CDU), Ministerpräsident von Baden-Württemberg
135 Anne Sophie Mutter, Geigenvirtuosin, 17jährig
136 Sabine Leutheuser-Schnarrenberger, Politikerin (FDP), Bundesjustizministerin a. D.
137 Klaus Zwickel, Gewerkschafter
138 Johannes Rau, Politiker (SPD), Ministerpräsident NRW bis 5/98
139 Ute Ehrhardt, Psychologin, Autorin (»Gute Mädchen kommen in den Himmel, böse überall hin« und »Und jeden Tag ein bißchen böser«)
140 Fritz Pleitgen, Intendant
141 Hans Olaf Henkel, Präsident des Bundesverbandes der Deutschen Industrie
142 Werner Stumpfe, Präsident des Arbeitgeberverbandes Gesamtmetall
143 Hans Peter Stihl, Präsident des Deutschen Industrie- und Handelstages
144 Dieter Hundt, Präsident der Bundesvereinigung der Deutschen Arbeitgeberverbände
145 Eberhard Fechner, Fernsehautor (»Comedian Harmonists«, »Klassenfoto«)
146 Monika Hohlmeier, Politikerin (CSU)
147 Friedrich II, Der Große, 1 Tag vor seinem Tod, s. auch Nr. 46, 83
148 Geschäftsleitung, s. Nr. 149
149 Techniker und leitender Ingenieur im Betrieb Nr. 148
150a Firmeninhaber, s. auch Nr. 503
150b leitender Techniker, Ingenieur im Betrieb von Nr. 150a
151 Christoph Bergner, Politiker (CDU), Sachsen-Anhalt
152 Akademiker, Prof. Dr.
153 Dr. Z., Universität, ehemalige DDR

154 Milchwirtschaftler, Laborleiter, Gründer eines Labors für mikrobiologisches Testmaterial
155 Dr. der Chemie, Institutsleiter a. D, in vielen Organisationen tätig, Verfasser von Fachbüchern
156 Koreaner, Milchwirtschaftler, Ausbildung in Deutschland
157 junge Frau
158 Wissenschaftler, Schweizer, Verfasser von Fachbüchern
159 Lehrerin, Graphologin
160 Dr. med., eigene Praxis
161 Technischer Leiter Molkerei
162 weiblich
163 gleiche Schreiberin wie Nr. 162
164 weiblich
165 männlich, 50, Direktor eines Milchversorgungs-Betriebes
166 deutsche Aussiedlerin (Polen), milchwirtschaftliche Laborantin
167 Schweizer, Architekt, geb. Ungar, Baubiologe
168 Österreicher, Leiter einer milchwirtschaftlichen Untersuchungsanstalt
169 oben J. W. Stalin, unten J. v. Ribbentrop; Kartenausschnitt, auf dem die Grenzen zwischen dem Deutschen Reich und der UdSSR gemäß dem Nichtangriffspakt vom 23.8.1939 festgelegt wurden, s. auch Nr. 494
170 Briefentwurf Rainer Pfeiffer (aus Wochenmagazin DER SPIEGEL)
171 V. Landsbergis, ehemaliger Präsident von Litauen
172 Bernhard Vogel, Politiker (CDU), Ministerpräsident von Thüringen
173 Peter Hinze, Politiker (CDU), Generalsektretär
174 Dagmar Berghoff, TV-Nachrichtensprecherin
175 Sonia Bogner, Mode-Designerin
176 weiblich
177 Willy Brandt, Politiker (SPD)
178 Heiner Geisler, Politiker (CDU)
179 Student, Maschinenbau, 32
180 Arthur Conan Doyle, englischer Kriminal-Autor (»Sherlok Holmes«) (aus ZfM 3/96, Kaspar Halder)
181 Weltdurchquerer, ehemaliger mittelständischer Handwerksmeister, sieht sich als Büßer für die Untaten an den Juden
182 Wilhelm Busch, 68jährig, s. auch Nr. 18, 183
183 Wilhelm Busch, 73jährig, s. auch Nr. 18, 182
184 Egon Bahr, Politiker (SPD) (Ostverträge)
185 Max v. Pettenkofer, Hygieniker

186 Student, Anfang 20
187 Carmen Thomas, Fernsehmoderatorin
188 ein Steuerprüfer
189 Germanistin, Hausfrau, Mutter
190 Albert Einstein, 50, Physiker (»Relativitäts-Theorie«)
191 Pablo Casals, spanischer Cellist, Komponist, Dirigent
192 Hermann Göring, Reichsmarschall des 3. Reiches
193 Johannes Mario Simmel, Roman-Autor
194 Adolf Hitler, s. auch Nr. 203, 520
195 Adolf Graf v. Schlieffen, Generalfeldmarschall
196 Dr., Institutsdirektor, Lebensmittelchemiker
197 Peter Rosegger, österreichischer Schriftsteller (»Als ich noch der Waldbauernbub war«)
198 Paul Celan, Lyriker, Sprachlehrer
199 männlich
200 Agnes Miegel, ostpreußische Dichterin
201 Lebensmitteltechniker
202 eine Pensionswirtin
203 Adolf Hitler (vor 1933), s. auch Nr. 194, 520
204 Marlene Dietrich, Filmstar
205 Richard Tauber, 32, österreichischer Tenor
206 Dieter Vogel, ehem. Vorstandsvorsitzender der Thyssen AG
207 Hans Schneider, Prof. Dr., Musik-Antiquar und Verleger
208 C. G. Jung, Arzt und Tiefenpsychologe, Begründer der analytischen Psychologie, s. auch Nr. 21, 346, 388
209 Hermann Hesse, Schriftsteller (»Der Steppenwolf«), s. auch Nr. 364
210 RA und Notar
210a Paul Ehrlich, Serologe, Arzneimittelforscher, Nobelpreis Medizin 1908, Entdecker des Salvarsans
211 Steffi Graf, Tennisstar
212 Laborantin, Überwachung und Kontrollfunktion
213 Pastor
214 weiblich, Verwaltungsangestellte im kirchlichen Bereich
215 Graphologe, Belgier, Koryphäe
216a, b Anlageberater
217 Stan Laurel, Filmkomiker, (»Dick und Doof«)
218 Carl Gustav Carus, Naturphilosoph, Arzt, Psychologe und Landschaftsmaler

219 Walter Alispach, Autor und Vortragender der Psychophysiognomik nach Carl Huter
220 Ernst Krenek, österreichischer Komponist und Musikschriftsteller
221 Adolph v. Menzel, Maler und Grafiker
222 Ruggiero Leoncavallo, italienischer Komponist (»Der Bajazzo«)
223 Franz Lehár, ungarischer Operettenkomponist (»Die lustige Witwe«)
224 Harald Juhnke, Entertainer
225 Heinrich Hertz, Physiker, Entdecker der Radiowellen
226 Klaus Murmann, Präsident der Bundesvereinigung der deutschen Arbeitgeberverbände
226a Paul Lincke, Operettenkomponist (»Frau Luna«)
227 James Joyce, irischer Schriftsteller (»Ulysses«)
228 Charles Gounod, französischer Komponist (Oper »Margarethe«)
229 Petra Roth, Politikerin (CDU), Oberbürgermeisterin von Frankfurt/M.
230 Markus Wasmeier, Ski-Sportler
231 Hans Werner Henze, Komponist, Dirigent und Regisseur
232 Georges Simenon, belgischer Schriftsteller (»Maigret«)
233 Kosmetikerin, um 55
234 Nico Tinbergen, niederländischer Zoologe, Nobelpreis Medizin 1973, begründete zusammen mit Konrad Lorenz und K. v. Frisch die vergleichende Verhaltensforschung
235 Harro Schulze Boysen, Schriftsteller, Angehöriger der Spionage-Organisation »Rote Kapelle«; hingerichtet
236 Richard Schröder, Politiker (SPD)
237 Fürst v. Metternich, österreichischer Staatskanzler (Wiener Kongreß)
238 Mikrobiologe, Prof. Dr.
239 weiblich, Laboratoriums-Lehrling
240 Michael Chang, Tennisprofi
241 Witwe, um 70, künstlerisch tätig, Astrologin
242 weiblich, Autographen-Händlerin
243 Kunstgewerblerin
244 Nikita Chruschtschow, Staats- und Parteichef UdSSR
245 Eugen Roth, Schriftsteller (»Ein Mensch ...«)
246 Gerhard Hauptmann, 67, Schriftsteller, Nobelpreis Literatur 1912 (»Vor Sonnenaufgang«)
247 weiblich, Alters-Ataxie
248 Lebenskünstler, 89 (wurde 97)
249 Mutter eines Soldaten

250 weiblich, um 30, Bürotätigkeit
251 männlich, um 65, landwirtschaftlicher Berater
252–266 Graphologen und Graphologinnen
260a Esther Dosch, schweizerische Graphologin, Autorin
267 Martin Heidegger, Philosoph (»Sein und Zeit«)
268 Edvard Munch, 32, norwegischer Maler und Grafiker
269 Charles de Gaulle, französischer General und Staatsmann
270 Elias Canetti, spanisch-jüdischer Schriftsteller, Nobelpreis 1981
271 Hanna Reitsch, Fliegerin; 1937, erster weiblicher Flugkapitän
272 Placido Domingo, spanischer Sänger (Tenor)
273 Theodor Fontane, Schriftsteller, Journalist (»Der Stechlin«), s. auch Nr. 562
274 Ch. M. Talleyrand, französischer Staatsmann
275 August Strindberg, schwedischer Schriftsteller
276 männlich
277 weiblich, Ehefrau zu Nr. 276
278 männlich, RA und Notar
279 weiblich, Ehefrau zu Nr. 278
280 männlich
281 weiblich, Ehefrau zu Nr. 280
282 männlich
283 weiblich, Ehefrau zu Nr. 282
284 männlich, Tscheche, Ingenieur, »Betreuer«
285 Diplom-Volkswirt
286 Leiter Verkauf Pharmacie
287 Hans Koschnik, Politiker (SPD), Administrator EU für Mostar
288 technischer Betriebsleiter
289 Versicherungs-Angestellte
290 Schwestern-Ausbilderin, Schwedin
291 Ausbilder bei der Bundeswehr
292 Jürgen Schrempp, Geschäftsführer, Vorstandsvorsitzender Daimler Benz
293 weiblich, Schülerin Graphologie
294 weiblich, 73, früher chemisch-technische Assistentin
295 Claude Monet, französischer Maler, Impressionismus
296 W. Kandinsky, russischer Maler, Begründer der ungegenständlichen Malerei
297 Hugo Kükelhaus (»Vom Erfahrungsfeld der Sinne«)
298 Inge Meisel, Schauspielerin

299 Carl Huter, Begründer der Psychophysiognomik
300 weiblich, Graphologin
301 Georg Büchner, Revolutionär, Dichter (»Woyzeck«)
302 Techniker a. D., um 70, Computerfreak
303 Malermeistersgattin, um 30
304 Bereichsleiter Chemie-Konzern
305 Student
306 Maurermeister a. D., Anhänger vegetarischer Ernährung
307 Ursula v. Mangoldt, Autorin und profilierte Vertreterin der Chirologie
308 Roman Herzog, Bundespräsident
309 Heinz Konsalik, deutscher Schriftsteller (»Der Arzt von Stalingrad«)
310 Gustaf Gründgens, 20, Schauspieler, Regisseur, Theaterleiter, s. auch Nr. 311
311 Gustaf Gründgens im Alter, s. auch Nr. 310
312 Johannes Gross, Publizist
313 Carl Zuckmayer, Schriftsteller (»Der fröhliche Weinberg«), s. auch Nr. 477
314 Bill Clinton, US-amerikanischer Präsident seit 1992, gewählt bis 2000
315 Jacques Chirac, französischer Staatspräsident
316 André Kostolany, Börsenfachmann
317 Geschäftsmann
318 technischer Betriebsleiter
319 Verlegerin, Wissenschaftsverlag
320 Grafiker, Lebensberater
321 Milchfarmer, England
322 Buchhalterin, Finanzbuchhaltung
323 Mikrobiologe, Prof. Dr.
324 Mikrobiologe, Prof. Dr.
325 Edzard Reuter, ehemaliger Vorstandsvorsitzender Daimler Benz
326 Heinrich Heine, Schriftsteller (»Buch der Lieder«)
327 Naturwissenschaftler, Prof. Dr., DDR
328 Kaufmann mit Reisetätigkeit
329 Laborleiterin Lebensmittelbereich, Kontroll- und Überwachungsfunktion
330 Michael Schumacher, Rennfahrer Formel I
331 Theo Waigel, Bundesminister der Finanzen (Kabinett Kohl)
332 Frederic Vester, Biochemiker, Publizist (»Vernetztes Denken«)
333 Erich Mielke, Stasi-Chef, DDR
334 Chefsekretärin
335 Bank- und Steuerfachmann

336 Robert Stromberger, Fernsehautor
337 Lady Diana, s. auch Nr. 389
338 Günter Kunert, Schriftsteller
339 Klaus Mertes, Fernsehredakteur, Moderator
340 Hartmut Lange, Schriftsteller
341 Franz Busemann, Zehnkämpfer (Silbermedaille Atlanta)
342 Vizeadmiral a. D.
343 Marika Rökk, Ufa-Filmstar, Tänzerin, Sängerin
344 Michail Gorbatschow, sowjetischer Politiker, Staatspräsident UdSSR
345 junger Energie-Anlagen-Elektroniker
346 C. G. Jung, Arzt und Tiefenpsychologe, Begründer der analytischen Psychologie, s. auch Nr. 21, 208, 388
347 RA und Notar, 65, s. auch Nr. 210
348 Diplom-Ingenieur, 45, »Erfinder«
349 junge Frau
350 leitender Angestellter in schweizerischem Lebensmittelkonzern, für Umweltfragen zuständig
351 weiblich
352 Volker Rühe, Politiker (CDU), Bundesminister für Verteidigung, s. auch Nr. 523
353 Laborantin
354 Alfred Adler, österreichischer Psychiater und Psychologe, Begründer der Individual-Psychologie
355 Edmund Stoiber, Politiker (CSU), Ministerpräsident von Bayern
356 Kellner
357 Akquisiteur, französischer Jude; in Deutschland geboren
358 Anwalt und Bankier
359 B. Traven, Schriftsteller (»Das Totenschiff«)
360 Herbert v. Karajan, österreichischer Dirigent
361 Max Frisch, schweizerischer Schriftsteller (»Andorra«)
362 Hellmuth Karasek, Journalist (»Das literarische Quartett«)
363 Grace de Monaco = Grace Kelly, ehemalige amerikanische Filmschauspielerin
364 Hermann Hesse, deutsch-schweizerischer Schriftsteller, Nobelpreis Literatur 1946, s. auch Nr. 209
365 Johannes Paul II, Papst
366 Klaus Kinski, Film-Bösewicht
367 Schreiben des Yorkshire-Rippers an die Polizei

368 männlich, um 70, Erpressung und Brandanschlag
369 jugendlicher Feuerteufel
370 Erpresser, der von Autobahnbrücken auf Autofahrer schoß
371 A. St., Lafontaine-Attentäterin
372 Stasi-Mitarbeiter
373 Kürten, Massenmörder
374 Drohbrief, Ankündigung von Gewalt
375 Haarmann, homosexueller Massenmörder
375a Entführer des tot aufgefundenen Bundeswehrsoldaten Hintze
376 Claude Debussy, französischer Komponist, Meister des musikalischen Impressionismus
377 Franz Liszt, österreichisch-ungarischer Komponist und Klaviervirtuose (»Liebesträume«)
378 Oskar Kokoschka, österreichischer Maler, Grafiker, Schriftsteller (Expressionismus)
379 Heinrich Zille, Maler, Fotograf und Grafiker, (Maler des »Milljöhs«)
380 Franz v. Lenbach, Maler
381 Edvard Grieg, norwegischer Komponist (»Peer Gynt«)
382 Max Planck, Physiker, Quantentheorie, Nobelpreis 1918
383 Musikstudentin Violine
384 Rainer Maria Rilke, Dichter, Lyriker, s. auch Nr. 25
385 Robert Stolz, österreichischer Operettenkomponist und Dirigent
386 Josef Ertl, Politiker (FDP), ehemaliger Landwirtschaftsminister
387 Knut Hamsun, norwegischer Schriftsteller (»Segen der Erde«), Nobelpreis Literatur 1917
388 C. G. Jung, Arzt und Tiefenpsychologe, Begründer der analytischen Psychologie, s. auch Nr. 21, 208, 346
389 Lady Diana, s. auch Nr. 337
390 Leiterin Qualitätskontrolle
391 Lehrling milchwirtschaftliches Laboratorium
392 Schwester Michaela, sammelt für die Armen
393 François Mitterand, ehemaliger französischer Staatspräsident
394 weiblich
395 Alfred Herrhausen, Deutsche Bank; ermordet
396 ein Brigadegeneral
397 Verleger, Sportflieger
398 Technischer Direktor
399 Fritz Egner, Radio- und Fernsehmoderator

400	Felix Dahn, Jurist, Historiker, Erzähler (»Ein Kampf um Rom«)
401	Anton G. Rubinstein, Klaviervirtuose, Komponist, Gründer des St. Petersburger Konservatoriums
402	Friedrich Dürrenmatt, schweizerischer Dramatiker
403	Pearl S. Buck, US-amerikanische Roman-Schriftstellerin
403a	Peter Ustinov, Künstler, Allroundtalent
403b	Fritz Walter, Fußball-Idol (Weltmeister 1954)
404	Stefan Askenase, belgischer Pianist, polnischer Herkunft
405	Michael Raucheisen, deutscher Pianist, Liedbegleiter und Kammermusiker (»... am Klavier Michael Raucheisen«)
406	Hans Moser = Jean Juliet, österreichischer Schauspieler, Original, komische Rollen
407	Emile Zola, französischer Schriftsteller, Dreyfus-Affäre (»J'accuse«)
408	Uschi Glas, Schauspielerin
409	Romain Rolland, französischer Schriftsteller und Musikhistoriker
410	Carl Duisberg, Chemiker und Industrieller, Förderer zw. chemischer Wissenschaft und Industrie
411	Gerhard Schröder, Politiker (SPD), Ministerpräsident von Niedersachsen, ab Oktober 1998 Bundeskanzler
412	Weltmeisterin im Maschineschreiben (544 Netto-Anschläge)
413	Michael Vesper, Politiker (Die Grünen), Bauminister Nordrhein-Westfalen
414	Ronald Reagan, ehemaliger Präsident USA
415	Lothar Späth, Politiker (CDU), Industrie-Manager (Jenoptik)
416	Helmut Schmidt, Politiker (SPD), Bundeskanzler a. D.
417	Urs Widmer, schweizerischer Schriftsteller
418	Klaus Töpfer, Politiker (CDU), ehem. Bundesbauminister
419a–d	Richard Nixon, ehemaliger Präsident USA (Watergate), 419b–c aus AGC 314–74
420	H. J. Kulenkampff, Schauspieler, Quizmaster (»Einer wird gewinnen«)
421	Claudia Schiffer, Modell
422	Justus Frantz, deutscher Pianist und Festival-Intendant
423	Kurt Biedenkopf, Politiker (CDU), Ministerpräsident von Sachsen
423a	Ingrid Biedenkopf, Ehefrau zu Nr. 423
424	Heinz Haber, Physiker und Astronom, Autor populärwissenschaftlicher Bücher
425	Ion Tiriac, Tennis-Promoter
426	Joschka Fischer, Politiker (Bündnis 90/Die Grünen), MdB
427a, b	Ingeborg Bachmann, österreichische Schriftstellerin (»Malina«)

428 Claudia Nolte, Politikerin (CDU), Bundesfamilienministerin
429 weiblich
430 Herbert Mainusch, Universitätsprofessor, lehrt Englische Philologie in Münster
431 Ingenieur Labortechnik, privat Segelfluglehrer
432 g-Unter-/d-Oberlängen/s-Langlängen von Graphologen einer Graphologie-Schule
433 Jimmy Carter, ehemaliger Präsident USA
434 Paul Bocuse, Koch
435 Horst Seehofer, Politiker (CSU), Bundesminister für Gesundheit
436 Karin Tietze-Ludwig, Lottofee
437 Ernst Jünger, 42, Schriftsteller
438 Wolfgang Schäuble, Politiker (CDU), Fraktionsvorsitzender, Fraktion CDU/CSU)
439 Oskar Lafontaine, Politiker (SPD), Ministerpräsident Saarland
440 Hans Streit, schweizerischer Graphologe und Buch-Autor
441 Josef Goebbels, Reichspropagandaminister unter Adolf Hitler
442 Ingrid Bergmann, Schauspielerin
443 Konrad Zuse, Ingenieur, Erfinder der ersten programmgesteuerten Rechenanlage
444 Veronika Carstens, Ärztin
445 Juan Carlos, spanischer König
446 Klaus Bresser, Fernsehjournalist
447 Max Reinhardt, österreichischer Regisseur und Schauspieler
448 Johann Caspar Lavater, schweizerischer Schriftsteller, Pfarrer, Begründer der Physiognomik
449 Fred Astaire, US-amerikanischer Revue-Tänzer und Filmschauspieler
450 männlich, Schüttelfrost-Anfall
451 Graf Keyserling, Philosoph (»Schule der Weisheit«)
452 Wilhelm Wundt, Psychologe und Philosoph (»Völkerpsychologie«)
453 Graphologin
454 Graphologin, wie Nr. 453
455 Betriebswirtschaftler, Kontrollbereich
456 männlich, Diplom-Psychologe
457 Andreas v. Schoeler, ehemaliger Oberbürgermeister von Frankfurt/M.
458 Hermann Sudermann, naturalistischer Dramatiker und Erzähler (»Litauische Geschichten«)
459 Vater des Verfassers

460 Otto Hahn, Chemiker, Entdeckung Atom-Energie, Nobelpreis 1944
461 Diplom-Ingenieurin
462 Leiter einer Untersuchungsanstalt
463 Albert Schweitzer, evangelischer Theologe, Musiker, Mediziner und Philosoph, Friedensnobelpreis 1952
464 Leiter einer milchwirtschaftlichen Lehr- und Untersuchungsanstalt, Wissenschaftler, Buchautor
465 Alfred Biolek, Fernsehmoderator
466 Joachim Ringelnatz, Lyriker und Erzähler, Kabarettist (»Kuttel Daddeldu«)
467 Kapitalanlage-Berater
468 Mutter des Verfassers
469 Onkel Schorsch, Bruder von Nr. 459
470 Direktor eines Milch-Versorgungsbetriebes
471 13jährige Selbstmörderin (aus BILD)
472 Karl Jaspers, Psychiater und Philosoph, Vertreter der Existenzialphilosophie
473 Käthe Gold, österreichische Schauspielerin
474 Otto Gebühr, Schauspieler, bekannt durch die Darstellung Friedrichs des Großen
475 Heino, Sänger
476 Boy Gobert, Schauspieler und Regisseur
477 Carl Zuckmayer, der häufig nur mit »Zuck« unterschrieb, s. auch Nr. 313
478 Erika Mann, älteste Tochter von Thomas und Katia Mann, Schauspielerin, Journalistin und Schriftstellerin, s. auch Nr. 557, 558, 559
479 Theo Lingen, Filmschauspieler
480 Bruno Walter, Dirigent
481 Christian Morgenstern, Schriftsteller
481a Christian Morgenstern, 33, Buchwidmung
482 Benito Mussolini, italienischer Politiker, Begründer des Faschismus, Regierungschef »Duce«
483 Eduard Spranger, Philosoph und Pädagoge, Hauptvertreter der geisteswissenschaftlichen Psychologie
484 Henry Miller, US-amerikanischer Schriftsteller (»Wendekreis des Krebses«)
485 Hans Magnus Enzensberger, Schriftsteller, Übersetzer
486 Konrad Adenauer, Politiker (CDU), 1. Bundeskanzler BRD, s. auch Nr. 587
487 Franz v. Papen, Politiker, Vizekanzler im 1. Kabinett Hitler
488 Katia Mann, 91, Ehefrau von Thomas Mann, (sie wurde 97), s. auch Nr. 526

489 Graf Luckner, Seeoffizier und Schriftsteller (»Seeteufel«)
490 Anke Huber, Tennisprofi
491 Erwin Rommel, Generalfeldmarschall, deutsches Afrikakorps II. Weltkrieg
492 ein Landwirt, Unikum, würzte seine Briefe mit Bibelzitaten
493 Wissenschaftler
494 Josef Stalin, sowjetischer Revolutionär und Politiker, Diktator UdSSR, s. auch Nr. 169
495 Horst Stern, Fernsehjournalist und Schriftsteller, Tierschützer
496 Rita Süßmuth, Politikerin (CDU), Bundestagspräsidentin
497 Handwerker (Stotterer)
498 Graphologe
499 Studentin, alkoholabhängig
500 Student
501 Leiterin einer Graphologie-Schule
502 Ilse Scholl, Leiterin der Schule für Graphologie Hirsau
503 Georg Hahn, Unternehmer mit langer Familientradition, s. auch Nr. 150a
504 Gartenbaumeister und -gestalter
504a Ehefrau zu Nr. 504
505 Architekt
505a Ehefrau zu Nr. 505
506 Landgerichtsrat a. D., Wissenschaftler
506a Ehefrau zu Nr. 506
507a–d Manierismus in der Handschrift
508 Heide Simonis, Politikerin (SPD), Ministerpräsidentin Schleswig-Holstein
509 Julio Iglesias, Sänger
510 Stephanie von Monaco
511 Stephanie von Monaco und Ehemann Daniel
512 Maria Meneghini-Calogeropoulos Callas, Sängerin
513 Peter Hahne, Fernsehmoderator
514 Devisenhändler, Holländer
515 Ehefrau zu Nr. 514, Schweizerin
516 ein junger Teufelsanbeter
517 Kardinal Graf v. Galen, Bischof (»Löwe von Münster«)
518 Norbert Blüm, Politiker (CDU), Arbeitsminister unter H. Kohl
519 Heinrich Himmler, nationalsozialistischer Politiker, Diplom-Landwirt, Reichsführer SS; Selbstmord (aus Müller/Enskat »Graphologische Diagnostik«)
520 Adolf Hitler, nationalsozialistischer Politiker, Führer und Reichskanzler

des Deutschen Reiches; Selbstmord; s. auch Nr. 194, 203
521 Dekorateur, selbständig
522 Elvis Presley, US-amerikanischer Rock-Sänger
523 Volker Rühe, s. auch Nr. 352
524 Ernest Hemingway, US-amerikanischer Schriftsteller, Nobelpreis Literatur 1954 (»Fiesta«)
525 Wolf Lepenies, Soziologe
526 Katia Mann, 47, Ehefrau von Thomas Mann, s. auch Nr. 488
527 Thomas Mann, 79, s. auch Nr. 57, 114
528 Eleonore Duse, italienische Schauspielerin
529 Brigitte Bardot, französische Schauspielerin, engagierte Tierschützerin
530 Erich Kästner, Schriftsteller (»Emil und die Detektive«), s. auch Nr. 552
531 Hannelore Elsner, Schauspielerin
532 Katarina Witt, Eislauf-Star
533 Gustav Freytag, Schriftsteller, Journalist und Politiker (19. Jh.), (Kaufmannsroman »Soll und Haben«)
534 Johann Strauss (Sohn), »Walzerkönig« (»Fledermaus«)
535 Heinrich Böll, Schriftsteller, Nobelpreis Literatur 1972 (»Ansichten eines Clowns«), s. auch Nr. 594
536a Erna Berger, 74, Sängerin
536b Erna Berger, 87
537 Unternehmer, Milchwirtschaft, Kanadier, türkisch-jüdischer Herkunft
538 Roda Wieser, eine der profiliertesten Graphologinnen, s. auch Nr. 264
539 Karlheinz Stockhausen, Komponist, maßgebender Vertreter der seriellen und elektronischen Musik (»Licht«)
540 weiblich
541 weiblich
542 Chefsekretärin
543 Laborleiter, Schweizer
544 Robert Schumann, Komponist der Romantik (»Kinderszenen«)
545 Clara Wiek-Schumann, Pianistin und Komponistin, Ehefrau von Nr. 544
546 weiblich, Kunsthändlerin
547 Partner zu Nr. 546, Lehrer
548 Sebastian Haffner, Journalist
549 Artist, Messerwerfer, um 25 (aus Müller/Enskat »Graphologische Diagnostik«)
550 Tierärztin, MS-Kranke mit tödlichem Ausgang
551 Karl Lagerfeld, Mode-Designer

552 Erich Kästner, Dichter, s. auch Nr. 530
553 Liberacy, US-amerikanischer Pop-Pianist
554 Matthias Claudius, Dichter (»Der Mond ist aufgegangen«)
555 Unternehmer, praktizierender Buddhist, Kosmobiologe
556 Inderin, Ehefrau zu Nr. 155
557 Erika Mann, älteste Tochter von Thomas Mann, Journalistin, 58 Jahre, s. auch Nr. 478, 558, 559
558 Erika Mann, älteste Tochter von Thomas Mann, 17 Jahre, s. auch Nr. 478, 557, 559
559 Erika Mann, älteste Tochter von Thomas Mann, Journalistin, 28 Jahre, s. auch Nr. 478, 557, 558
560 Klaus Mann, ältester Sohn von Thomas Mann, Schriftsteller, 27 Jahre; Suizid
560a Klaus Mann, ältester Sohn von Thomas Mann, Schriftsteller, 24 Jahre alt; Suizid
561 Stefan Zweig, österreichischer Schriftsteller (»Ungeduld des Herzens«); Suizid
562 Theodor Fontane, deutscher Schriftsteller (»Effi Briest«), aus FAZ v. 10.9.1997, dort aus der Fontane-Sammlung des Deutschen Literaturarchivs, s. auch Nr. 273
563 Peter Scholl-Latour, Publizist
564 Joseph Beuys, Plastiker, s. auch Nr. 53
565 Mark Wössner, ehemaliger Vorstandsvorsitzender Bertelsmann AG, jetzt Aufsichtsratsvorsitzender
566 Klaus Kinkel, Politiker (FDP)
567 Heinz-Harald Frentzen, Rennfahrer
568 Egidius Braun, Präsident des DFB
569 Jaques Santer, Präsident der Europäischen Kommission
570 Mahatma Ghandi, Rechtsanwalt, Politiker (Einsatz für Gewaltlosigkeit); ermordet
571 Elisabeth Flickenschildt, Schauspielerin
572 Hotel- und Restaurantbesitzerin
573 Alfred Kerr, Theaterkritiker, Buchautor
574 Gunter Sachs, Industrieller, Sportler, Modemacher, Dokumentarfilmer, Fotograf, Buchautor »Akte Astrologie«
575 Lehrer, Heimatdichter
576 Werner Bergengruen, Erzähler und Lyriker (»Die heile Welt«, »Figur und Schatten«), Reisebücher und Romane

577 Erika Morgenstern, Buchautorin, (»Überleben war schwerer als Sterben«), Ostpreußen 1944–1948
578 Witwe, Wollyniendeutsche, Spukphänomene
579 Franz Kafka, österreichischer Schriftsteller (»Das Schloß«, »Der Prozeß«); die Handschrift wurde der Zeitung DIE WELT vom 7.1.95 entnommen und ist ein Brief an seine spätere Verlobte Felice Bauer vom 9./10.2.1913. Die Korrespondenz umfaßte mehr als 500 Briefe und Karten.
580 Heinrich Heine, Schriftsteller, s. auch Nr. 326
581 Emil Jannings, Schauspieler (»Der blaue Engel«, »Der zerbrochene Krug«)
582 Georg Christoph Lichtenberg, Schriftsteller und Physiker, vielseitiger Gelehrter und geistvoller Satiriker
583 George Sand (Aurore Dupin), französische Schriftstellerin, u. a. mit Chopin befreundet
583a Rudolf Steiner, Begründer der Antroposophie
584 ein Massenmörder, aus Otto JUNGE »Rationale Graphologie«
585 Walter Kempowski, Lehrer, Schriftsteller (»Tadellöser und Wolff«)
586a–f Comedian Harmonists, Gesangsgruppe
586a Harry Frommermann, Arrangeur, Tenor-Buffo
586b Erwin Bootz, Pianist
586c Roman Cycowski, Bariton
586d Erich Collin, 2. Tenor
586e Ari Leschnikoff, 1. Tenor
586f Robert Biberti, Baß
587 Konrad Adenauer, Faksimile aus DER SPIEGEL, s. auch Nr. 486
588 Yehudi Menuhin, US-amerikanischer Geiger und Dirigent
589 Friedrich Denk, Lehrer, setzte die Diskussion um die verfehlte Rechtschreibereform in Gang
590 männlich, Ing. Maschinenbau, Prokurist, Fachautor
591a männlich, RA und Notar, ca.55 Jahre alt
591b derselbe nach Schlaganfall und Parkinson, 73 Jahre alt
592 Prinz Eugen von Savoyen, Staatsmann und Feldherr in Österreich, hervorragendster Feldherr seiner Zeit
593 Alexander Frhr. von Humboldt, Naturforscher, Begründer der physischen Geographie
594 Heinrich Böll, deutscher Schriftsteller, s. auch Nr. 535
595 Erich von Däniken, schweiz. Schriftsteller (»Erinnerungen an die Zukunft«, »Aussaat und Kosmos«)
596a Karl Valentin, Komiker, hintergründige Situations- und Wortkomik

596b Liesel Karlstadt, Partnerin von Nr. 596a (Eintrag in ein Gästebuch) (Süddeutscher Verlag)

597 Martin Bormann, Sekretär Hitlers

Quellen der Schriftproben: Der größte Teil der Handschriftenproben sind in unserem Archiv befindliche Originale, die aus Platzgründen gekürzt bzw. auszugsweise im Schriftprobenband wiedergegeben sind. Ein kleiner Teil ist als Faksimile den Katalogen folgender Autographenhandlungen entnommen: Erasmus-Haus, Haus der Bücher AG – Basel; Musikantiquariat Hans Schneider – Tutzing; Antiquariat J. A. Stargardt – Berlin; Autographenhandlung Annelie Meixner – Würzburg. Ein weiterer Teil wurde – soweit nicht schon im Schriftprobenverzeichnis vermerkt – aus verschiedenen Zeitungen, an erster Stelle der Beilage der FAZ sowie dem Wochenmagazin DER SPIEGEL entnommen, ebenso aus einigen Büchern von H. R. Wiedemann, Verlag Graphische Werkstätten – Lübeck sowie der graphologischen Fachliteratur. Wir danken ferner allen, die uns Schriftproben zugehen ließen, vor allem Dr. H. Mair-Waldburg – Kempten/Allgäu; Günter Fidorra – Datteln; Monika Luchterhand – Hamburg; Hans Jonas – Tülau; Herrn und Frau Stein, A. Stein'sche Verlagsbuchhandlung – Werl; Frau Theresia Sommer – Weener; Frau Sigrid Löblein – Saarbrücken; Frau Ilse Scholz – Celle; Frau Heide Philipsen – Lübeck. Die Schriftprobe Nr. 520 ist dem Buch von Werner Maser »Hitlers Briefe und Notizen« entnommen. Ein Teil der Autographen der Familie Mann wurde uns freundlicherweise vom Thomas-Mann-Archiv der Eidgenössischen Technischen Hochschule Zürich zur Verfügung gestellt. Für die freundliche Unterstützung danken wir vor allem Frau Cornelia Bernini und Frau Martina Peter vom Thomas-Mann-Archiv.